『ル・モンド』から世界を読む
2001-2016

加藤晴久

Le Monde
vier 2015 - 71e année - N° 21775 - 2,20 € - France métropolitaine - www.lemonde.fr -
Fondateur : Hubert
mment lutter contre l'islam radical ?
► Entre théorie du complot et critiques des nouvelles caricatures de « Charlie », le désarroi de futurs imams français
► « Je suis Coulibaly. Je suis Kouachi. Mort à Charlie » : au Niger, les manifestations ont fait dix morts, vendredi et samedi
► L'islam peut-il se réformer ? Les tribunes de Bruno Latour, Malek Chebel, Waleed Al-Husseini, ...ard N. Luttwak...
► François Hollande au « Monde » : « La France est sortie renforcée de cette tragédie »
→ LIRE PAGES 3-4, 7-9, 12-13, 15

藤原書店

はじめに――『ル・モンド』とは何か？

二〇〇一年九月一一日の同時多発テロを受けて、アメリカのブッシュ政権は、一〇月七日、犯人グループ・アルカイダの引き渡しを拒否したタリバン政権が支配しているアフガニスタンへの空爆を開始した。

その三日後の一〇月一〇日、藤原書店社主、藤原良雄氏から電話がかかってきた。イスラム過激派によるアメリカへのテロ攻撃について、フランスのメディアはどう分析しているのか、同書店の月刊広報誌『機』にレポートしないか、という誘いであった。

その依頼に応じて「短期集中連載　九・一一事件以降――『ル・モンド』紙からの考察」というタイトルのもと、二〇〇一年一一月号から五回にわたって書いたのが「エンゲルスの見たアフガニスタン」「ロシアのアフガニスタン症候群」「テロは症候、病原ではない」「カミカーズと特攻隊」「反米テロと真珠湾攻撃」である（本書一六―三五頁）。

大方の予想どおり、アフガニスタンはベトナム化、つまり泥沼化した。それにもかかわらず、ブッシュ政権は、今度は、イラクのフセインを悪の親玉に仕立て上げ、二〇〇三年三月二〇日、「イラクの自由作戦」と称してイラクに攻め込んだ。それまでの間、イラク侵攻を正当化するため、国連などの場で、大量破壊兵器隠匿疑惑、国際テロリストとの連携疑惑などのデマを煽り立てていた。

そうした状況のなか、二〇〇二年一〇月二八日、ブルデューの著作翻訳の件で社を訪ねたわたしに藤原氏から提案があった。『機』の一頁を提供するので、『ル・モンド』紙から世界を読む」というテーマで、国際社会、また日本の時局問題についての記事、とくに論評を紹介しないか、という話しであった。

基本方針として示されたのは次の二項だった。

①日本のメディアが取り上げていない、あるいは取り上げていても、分析が不十分だったり見当違いだったりするテーマを選ぶ。

②一般的な大問題を大上段に振りかぶって論ずることはしない。ああそうか、と読み流されるだけで何も残らない。具体的・個別的テーマを大きな文脈との関わりで紹介し、読む者に問題を提起し、考えさせることをめざす。

以下が、二〇〇三年一月号に掲載された第一回「『ル・モンド』とは何か?」である。

『ル・モンド』とは何か？

ご大層な、と言われそうなタイトルの課題をいただいた。六〇年安保の頃、総理大臣岸信介が、日本の新聞は役に立たない、だから読まない、と公言したためにマスコミから「国民をバカにしている」と総スカンを喰ったことがあった。新聞をバカにすることが国民をバカにすることになるのか、一概には言えないように思うが、首相の言葉には一理あると、安保には反対でも、頷いたことを覚えている。その翌年、フランスに留学して以来四〇年あまり、「世界を読む」は大仰にしても、『ル・モンド』を日々の糧にして世界を眺めつつ過ごしてきた。

『ル・モンド』とは何か？　フランスの日刊新聞である。日曜を除く毎日、午後発行される。前日の発行部数が最後の一桁まで含めて発表されている。五〇万部を下回ることはめずらしいが、六〇万部を越えることはまずない。その内の十数％は世界一二〇カ国に「輸出」されている。社説と、通信社提供の短信をそのまま掲載している部分とを除いて、すべての記事が署名記事。ホームページには部門別にすべての記者の名が公表されている。

約六〇〇〇万人のフランス国民を、『ル・モンド』の読者と「その他」に分けることができる。『ル・モンド』を読む、大統領をはじめとする約百数十万人のフランス人が国際・

国内の政治、経済、社会、文化に関する情報をこの新聞から得、この新聞を媒体にして国際・国内の政治、経済、社会、文化に関して高度な議論を交わしている。この読者層に外国の読者が加わるわけだが、彼らがそれぞれの国で、社会職能的に、あるいは社会文化的に、どのような階層に属する人々であるかは容易に推測できるだろう。

ある水準のいくつかの日刊新聞が数百万の発行部数を誇っている。これは日本の「国力」を説明するひとつの事実である。しかし、『ル・モンド』に相当する新聞は、日本には、存在しない。一国の民は自分にふさわしい政治家しか持てない、と言われるが、同じことが新聞についても言える、とつくづく思う。

『ル・モンド』の発行部数はいまでは大幅に減っている。イギリスのEU離脱を告げる、いまだかつて見たことのない大きな活字の見出しが一面トップを飾った二〇一六年六月二五日付の部数は二八万二五八〇部。七月一日付は二六万七二八部。つまり三〇万部を割っている。しかし電子版はきわめて好調で会社全体としては黒字である。

第五回「『ル・モンド』に打ち込まれたミサイル」(二〇〇三年五月号)や第五四回「社会の木鐸」(二〇〇七年八月号)、第八九回「危機一髪」(二〇一〇年八月号)に書いたように、『ル・モンド』はしばしば、いわば定期的に、危機に見舞われる。編集陣の内部抗争であることもある。しかし、たいていは財政危機である。財政危機をきっかけに政治権力、経済権力が支配権を握ろうとするあれこれの圧力が強まる。いつの場合でも、記者会が社長の任命に拒否権をもっていること（これはすなわち、社長の任命権をもっているということにひとしい）に象徴されるように、最終的には記者共同体の意向に沿って解決される。このような自主運営《オートジェスチオン》が可能なのは、記者ひとりひとりが独立した、いわばフリーランスのジャーナリストだからである。ひとりひとりがそれぞれの能力を売りにして会社と契約して働いている。社長から末端の記者までがサラリーマンの日本の新聞とはわけが違う。イギリスの *The Guardian* と並んで journal de référence とされているのはそのためである。journal de référence というのは、ことあるごとに参照され基準とされる新聞という意味で、日本にはこれに相当する新聞は存在しない。

毎月受け取る「『機』原稿執筆のお願い」には「原稿枚数：八三四字」とある。一頁三段組み。一行は原則一八字。全体で五〇行である。校正ゲラを受け取ると、毎回、少なくて二、三行、多い場合は五、六行はみ出している。少ない場合は表現を変えたり、文末を体言止めにしたりして済ませるが、多い場合は最後の数行をまずばっさり削るのが常だった。その部分は、なぜそのテーマを取り上げたのか、何を訴えたいのか、を記した箇所だったが、読者が読み取ってくださることを期待して行数の帳尻を合わせたのである。

「原稿〆切り」は翌月のはじめ、「刊行予定」はその翌月の一五日と記されている。つまり、書いたテクストが読者の目に触れるのは執筆の二カ月後である。その間に、取り上げた問題が新たな展開を示して、記述が古くなってしまうかもしれない。ときどき「この稿の執筆〇月〇日」という断りが入っているのは、そのような事態に備えるためであった。

二〇〇三年一月号で連載を始めたとき、わたしは六十七歳だった。一六年三月号の第一五六回「国連と二十一世紀の戦争」で連載を終えたときは八十歳になっていた。一三年間連載することになるとははじめ予想していなかった。

感慨なしとしない。

わたしはいつも、「長生きの秘訣は俗物であり続けること」と言っている。妙に悟ったふりをするのは愚かなことである。世の中、毎日、おもしろいことが起きる。いつまでも飽きることがない。

敬愛する友人であったピエール・ブルデュー（一九三〇―二〇〇二）は、「わたしがこの世の中にがまんできるのは怒ることができるからだ」というタイトルのインタビューのなかで「わたしは怒れる若者でした。怒れる老人でありたいと思っています」と語っている。

以下のテクストのなかには、わたしの怒りの表現であるものも少なくない。これからも怒れる老人であり続けたい。

加藤晴久

『ル・モンド』から世界を読む　目次

凡例

一、テクストは編年順になっている。シリーズの枠のそとで書いた特別寄稿＊はそれぞれの刊行年月のところに位置づけられている。
一、各稿のタイトルに付されている年月は、取り上げた話題に関する記事が『ル・モンド』に掲載された年月でなく、その稿が掲載された『機』の発行年月である。

『ル・モンド』から世界を読む　2001–2016

エンゲルスの見たアフガニスタン

2001.11

エンゲルスの「アフガニスタン」

「地上軍を派遣すれば第二のベトナム戦争になる」と、一九七九―八九年のアフガニスタン侵略戦争を指揮した元ソ連軍将官たちが口々に警告している、そのうちの一人が「政治局（ソ連の最高機関）のメンバーたちがエンゲルスを読んでいたなら、七九年、アフガニスタン介入の決定を下すことはなかったろうに」と述べている。こんな記事をフランスの新聞で読んだ（『ル・モンド』九月二二日付）。

無学だからピンとはこない。しかし「へー、どんなことを言っているのかな」と思いはした。エンゲルスの名にノスタルジーを覚える世代である。そしたら一週間後の同紙に、一八五八年

に *The New American Cyclopaedia* に発表された「アフガニスタン」と題するテクストが掲載された（邦訳は大月書店『マルクス＝エンゲルス全集』第一四巻所収。恒屋惇一氏の教示）。

エンゲルスは他にも「アフガニスタンにおけるイギリスとロシア」と題する論説をニューヨークの新聞に寄稿したり、右の百科全書に「鹿砦《ろくさい》」（Abatis）などという項目を執筆したりしている。一八二〇年生まれだから、三十七、八歳。いずれも、時局問題に対する旺盛な関心と、真摯な学究ぶりがうかがえる文章である。

地理と住民を的確に描写・分析

エンゲルスはアフガニスタンの地理を的確・簡潔に記述した後、住民の性質を「血気盛んで騒擾《そうじょう》を好む」「勇猛で独立不羈《ふき》」と形容した上で、「彼らはもっぱら牧畜と農業に従事し、商業を軽侮して、これをヒンズー教徒と都市住民に任せている。戦争は彼らの意気を昂揚させ、日常の単調な労務から彼らを解放する」と述べている。また、アフガン人社会は氏族《クラン》から成っており、その首長が封建的支配権を行使しているが、「規則に対する彼らの抑えがたい憎悪と個人の独立に対する彼らの愛着が彼らの国が強国になるのを妨げている」、またそのために「激情に駆られたり、策略家の扇動に乗せられたりして」「危険な隣人」になる可能性がある、さらに「たえず相争い、団結するのは共通の敵に直面するときだけ」という「お国ぶり」も指摘している。

しかし、エンゲルスのテクストの圧巻はなんといっても、「その地理的位置と、住民の特殊な性格から中央アジア問題で過小評価することのできない政治的重要性」を持つこの緩衝《かんしょう》地帯をめぐって、帝国領インドの西面の強化をもくろむ英国と暖海をめざして南下を狙うロシアの対立を背景に起こった英領インド軍によるアフガニスタン侵攻の記述である。

大国に翻弄されてきたアフガン

ロシアの使嗾《しそう》によってペルシアが要衝ヘラートを攻囲したのを口実に、一八三八年一二月、英領インド軍はインダス川を越えてアフガニスタンに侵攻。翌年八月、首都カブールを攻略し、傀儡《かいらい》政権を樹立した。

しかしながら、四〇年と四一年「ヨーロッパの不信心ども」に対する反乱が各地で続発。莫大な占領経費を削減され、部族の首長の買収資金にも不足が生じ離反を招く。四二年一月一日、カブールの英軍はついに降服協定に調印。アフガニスタンからの全面撤退を決めた。だが、一月五日に移動を始めた四五〇〇人の兵士と一万二〇〇〇人の非戦闘従軍者は各地でアフガン・

ゲリラの狙撃の的にされ壊滅。事の次第をジャララバードに伝えたのは唯一人、ブライドンなる医者であった。

国の名誉と軍の威信回復の世論に押されて英領インド軍は報復攻撃を開始。四二年九月カブールを占領。「市場を破壊し、都市の一部を略奪し、多くの住民を殺戮した」。そして一〇月一二日、カブールを撤退し、インドに帰還した。「アフガニスタンに自家製の君主を擁立する企てはこうして終わった」。

エンゲルスの記述はここまで。だが、実はイギリスはその後さらに、ロシアの野望に対抗して、一八七九年、アフガニスタンに外交権を放棄させる条約を強制し、カブールに大使館を設置した。その大使と館員が数カ月後に全員殺害される羽目になり、以降、はるかロンドンからこの保護国を操作するに甘んずるほかなかった。

エンゲルスの淡々とした語り口の記述を読むと、大国の思惑のままに翻弄されてきた、また翻弄されているこの地域とそこに生きた、また生きている人々の運命に、胸の詰まる思いを抱かせられる。

（二〇〇一年一〇月二三日）

ロシアのアフガニスタン症候群《シンドローム》

2001.12

アフガンでの冷戦構図

一九七九年一二月二五日。ピストン輸送されたソ連軍兵士がカブール国際空港に次々に降り立つ。他方、機甲部隊の延々たる列が続々と国境を越えてアフガニスタン北部領内に進攻。二七日。KGB（ソ連の秘密情報機関。米のCIAに相当）の特殊部隊が、数カ月前に同じ共産党の前任者タラキを暗殺して大統領になっていたアミンを官邸に襲って殺し、やはり共産党幹部のカルマルを後継者に仕立て、直ちに、前年に締結されていた「友好協力条約」にもとづいてソ連に軍事援助を要請するコミュニケを発表させた。「米国はアフガニスタン侵攻を準備していた。一時間遅ければ、われわれは先を越されるところだった」とソ連政府は説明した。米ソの冷たい戦争がアフガニスタンを舞台として間接的な熱い戦争になったのである。

ソ連軍の掃討作戦

ＣＩＡとパキスタンとサウジアラビアの支援を受けたアフガン兵と他のアラブ諸国からの義勇兵の抵抗にさらされた傀儡政権を支えるため、ソ連は常時、八万から一一万人の兵士を投入し、戦車、ミグ戦闘機、スホイ戦闘機、ヘリコプター、ミサイルによって村落を破壊し、焦土作戦を展開、空爆を加えた。国際条約で禁止されている衝撃波爆弾、ナパーム弾、有毒ガスなども使用した。対人地雷も大量にばらまいた。にもかかわらず、ソ連軍が制圧できたのは国土の二〇％、幹線道路、主要都市、そして、天然ガス資源に富んだ北部地域（このガスの九九％は占領経費の代償としてソ連に送られた）のみ。

ソ連軍は、ムジャヒディン・ゲリラに手を貸す住民への報復として掃討作戦を展開する。村落を包囲して逃げ道をふさぎ、まず砲撃を加える。その上で突入した兵士たちは、男はただちに銃殺、女・子どもは一カ所に集めて手榴弾で殺害。拷問・暗殺もKhad（親ソ政権の秘密警察）によって大規模におこなわれた。

一〇年間続いた戦争は五〇〇万人の難民と一〇〇万人の死者を出した。死者の半分は民間人であるが、彼らはこのようにして殺された。その間、ソ連の新聞は「我が軍の兵士たちは植林をすすめ、橋や道路を修復している」と報道し続けた。

ソ連側は戦死者一万五〇〇〇人、負傷者五万人、そのうち腕や足を失い身体障害者になった者は一万一〇〇〇人。特に、アメリカがスティンガー（歩兵携行式地対空ミサイル）を抵抗勢力に提供し始めた八六年からは、戦死者が急増し、国内世論の不満が高まった。八七年一二月、訪米中のゴルバチョフが段階的な撤退を表明。八九年二月一三日、最後の部隊を乗せたソ連機がカブール空港から飛び去った。

深刻な後遺症

一九六五年の北爆以来一〇年間続いたベトナム戦争がアメリカ社会に「ベトナム症候群」という後遺症を残したのと同じく、アフガニスタン侵略戦争はロシア社会に深刻な「アフガニスタン症候群」を残した。危機に瀕した「社会主義友邦」支援という大義名分を信じ込んで応召した六二万人の、いまだに「アフガン」と呼ばれる復員兵のなかには、不正義の戦争に費消された青春を悔い、犯した残虐行為の記憶に苦悩して、アルコール依存症になったり、自殺したり、精神を病む者たちが数多く出た。

今は国会議員になっている元佐官のひとりはインタビューに答えて言っている。「あの戦争前は狩猟が大好きだった。男らしい趣味だと思っていた。復員後、わたしは一度も銃を手にしたことがない。その理由は、とても言えない」。（以上『ル・モンド』（九月一〇月）に依った）。

ソ連がアフガニスタンで犯した（そして今も、ロシアがチェチェンで犯している）残虐行為は、アメリカがベトナムで、フランスがアルジェリアで、ドイツがヨーロッパ各地で、日本が中国大陸をはじめとするアジア各地ではたらいた行為と同じである。フランス軍がアルジェリアで組織的におこなった拷問・強姦が、抹消されてはならない歴史の事実として、四〇年後の今、ようやく、検証の対象となり始めた。

日本が、二十一世紀の世界で、単に生き延びていくだけでなく、少しでもましな世界にするために貢献する心意気を持っているならば、「唯一の被爆国」の上にあぐらをかくのは止め、すべての前提として、みずからの過去を直視・究明し、真実を子孫に伝えていかなければなるまい。

（二〇〇一年一〇月二五日）

テロは症候、病原ではない

2002.01

アメリカの知性の反応

九月一八日付『ル・モンド』でアメリカの批判的知識人、作家スーザン・ソンタグの「現実を正面から見据えよう」と題する短い論評を読むことができた（初出は『ニューヨーカー』誌だから事件直後の反応）。「ひとりのアメリカ人として、またニューヨーカーとして、慄然とし、悲しみに押しひしがれながらも」、「起こったこと、そしてそれについて理解すべきこと」と、政府、マスコミが流す「欺瞞といい気なたわごと」とのあいだの乖離に「唖然とし、重い気分に沈んでいる」。というのは、今回の出来事は「《文明》《自由》《人類》《自由世界》に対する《卑劣な》攻撃ではなく、世界の最強国を自任する米国に対する攻撃、アメリカのある種の行動とある種

9・11事件直後のマンハッタン（2001年9月13日付『ル・モンド』より）

の利害の結果としての攻撃である」からである、と言う。

南の知性の反応

事件の第一報を告げる九月一三日付『ル・モンド』の一面トップを飾った写真はきわめて印象的であった。前景に自由の女神。後景では、崩壊したツイン・タワーから立ちのぼる朦々たる煙が、林立する高層ビル群を覆っている。

この写真の意味、そしてソンタグの「アメリカのある種の行動とある種の利害」の意味を、そのものずばり、端的に喝破しているのが、"The God of Small Things" で一九九七年の英国ブッカー賞を受賞したインド女流作家アルンドハティ・ロイである。一〇月一四／一五日付『ル・モンド』に掲載された「ビン・ラディン＝アメリカの隠し子」と題する一ページ全面に及ぶ長大な論説でロイは問うている。「標的になったのがアメリカの経済的・軍事的覇権の象徴（世界貿易センターとペンタゴン）であったのはなぜか？　なぜ、自由の女神ではなかったのか？」

ロイの仮説はこうだ。「テロの根源にある暗い怒りはアメリカの自由と民主主義に向けられたものではない。自由と民主主義とは正反対の、（アメリカの国境の外の）軍事的・経済的テロリズム、武装蜂起、軍部独裁、宗教的狂信、想像を絶するジェノサイドに対するアメリカの支援と積極的関与に向けられているのである」。

九月一一日にテロリストが配達したメッセージはビン・ラディンが書いたのかもしれない。しかしまた「アメリカがかつておこなった数々の戦争の犠牲者たち――朝鮮半島やヴェトナム、カンボジアの何百万という死者たち、一九八二年、イスラエルがアメリカに支持されてレバノンに侵攻したときの一万七五〇〇人の死者たち、《砂漠の嵐》作戦で死んだ何万というイラク人たち、イスラエルのヨルダン川西岸地域占領への抗戦で殺された何千というパレスチナ人たち、さらには、ユーゴスラヴィア、ソマリア、ハイチ、チリ、ニカラグア、エルサルバドル、ドミニカ共和国、パナマ、つまり、いずれもアメリカ政府が支持・養成し、財政支援・軍備援助したテロリスト、独裁者、ジェノサイド実行者たちが支配していた国々の何百万という死者たち――の亡霊が署名したメッセージかもしれない」。

一万六〇〇〇人の犠牲の責任者

証拠を示せばビン・ラディンを引き渡すと言うタリバンに対してブッシュが、引き渡し要求は「交渉の対象にならない」と回答したことについて、「ついでながら」と断りつつロイは言う。この機会に「インド政府はアメリカ国民、ウオーレン・アンダースンの引き渡しを要求したらどうか。この男は、一九八四年、一万六〇〇〇人の死者を出したボパールの毒ガス流出事件に、多国籍企業ユニオン・カーバイトのトップとして責任を負っている。われわれは必要な証拠を集めた。すべて整っている。どうぞお引き渡しください」。

いかにも南の途上国の知識人らしい反応であるかもしれない。しかし、もしわれわれが、えひめ丸を沈めた潜水艦の艦長と乗組員幹部を日本で裁くべく引き渡し要求をするような政府を持っていたならば、日本の軍隊がアメリカの軍隊の警備員・運び屋を務めさせていただくことの意味も多少は変わっているかもしれない、と思う。

（二〇〇一年一一月一日）

カミカーズと特攻隊

2002.02

アラーの新たなる殉教者たち

二〇〇一年九月八日付『ル・モンド』に“Kamikazes palestiniens”に関する一ページを越える特集記事が載った。このことからも窺えるように、パレスチナで「自殺テロ（attentat-suicide）」に走る青少年をkamikazeになぞらえるのは「9・11事件」に始まるのではない。kamikazeはharakiriとともに、世界の諸言語の語彙を豊富化するために、日本文化が為しえた数少ない貢献の例である（harakiri［発音はアラキリ］は一八七三年、kamikaze［発音はカミカーズ］は一九五三年、フランスの常用辞典に載った）。

一〇月二日付『ル・モンド』にはまた、社会科学高等研究院のF・コスロカヴァール教授の

「アラーの新たなる殉教者たち」と題する論考も掲載された。

自殺テロは一九九四年、イスラエル人入植者がヘブロンで礼拝中のパレスチナ人二九人を殺害した後に報復としてはじめておこなわれた。その後、「和平交渉のとん挫、イスラエルによって個人・集団に加えられる処罰と屈辱、抵抗組織の幹部を狙った殺人、経済的にも人間的にも展望のない状況、PLOの無力」を背景として二〇〇〇年九月末再発したインティファーダ（民衆ほう起）の中で一〇件発生している。*自殺テロは「絶望の結果としての行為ではない。殉教によって絶望を超克する行為である。日常的な屈辱が耐え難いものになるなかで、殉教は自己の運命を取り戻すための王道となる。それは整合性を持ちえなくなった人生に想像上の整合性を回復してくれる。死のなかで生の途が切り開かれる。宗教が天国でこの死に意味を付与してくれるわけである」。

同時にまた、自殺テロはこうした宗教の論理に支えられて、イスラエルの軍事力の圧倒的な優位を拒否する政治的行為ともなる。個としてのカミカーズの行為にイスラエルは手の施しようがないからである。

「9・11事件」のカミカーズ

ところが、「9・11事件」のカミカーズとパレスチナのカミカーズとの間には顕著な違いがある。後者はパレスチナの閉塞状況の中で殉教によって自己の生を取り戻そうとする若者たちであるのに対し、前者はドイツやイギリスやフランスなど西欧社会に移住し、それなりに統合された中産階級の周縁部に生み出された鬼子である。

ごく少数の若者たちだが、アイデンティティの問題をめぐって、多数派と違う立場をとるようになった。彼らは「傲慢な超強大国――イスラムの聖地を占領している（湾岸戦争以来サウジアラビアに駐留する米軍）、あるいはイスラム教徒に敵対する覇権主義勢力（パレスチナ人を抑圧するイスラエル）を支援する超強大国――の政治的・文化的支配に窒息する思いをしている」。彼らからすれば、イスラム諸国の運命に無関心ないし敵対的な西欧に対し、みずからが西欧化しているだけになおさら深い憎悪を抱くにいたる。こうした彼らの分裂した心情に、かつての革命的マルクス主義ないし急進的第三世界主義と同じように、触媒として作用したのが、西欧＝悪vsイスラム＝善の二元論に立ち、殉教による聖戦を説くビン・ラディン流のイスラム原理主義である。

「狂信」を強いられたカミカゼ

ならば、カミカーズならぬカミカゼ、本家本元の特攻隊はどうか。『ル・モンド』東京駐在記者Ph・ポンスが一〇月五日付同紙に書いている。反米テロの犯人たちに取り憑いていた「宗教的狂信は日本の自殺パイロットたちとは無縁であった」。上官は彼らに「英霊」の名誉を約束しただろう、しかし「敵艦に激突して死んだ三四五〇人の飛行兵のうち、喜び勇んで飛び立っていった者はごく少数だった」。彼らはみずから名乗り出たのではなく、「拒否することができない心理的圧力のもとに置かれていたのである。命令に背けば、もっとも危険な戦場に送られただろう」。実を言えば彼らは「恐怖に金縛りになって死んでいったのである」。
反米テロのあと、「何が真珠湾だ特攻だ！　安易な比喩はやめてくれ！」と騒ぎ立てた「知識人」たちがいた。たしかに「神風」とイスラム原理主義テロリストは違うようだ。しかし、そんな風に怒るよりも、苛烈な言論弾圧、徹底した情報操作、監獄的な「真空地帯」のなかで、三〇〇〇人もの若者たちを洗脳し無益な死に追いやった機制とその首謀者たちの責任を究明し、子孫に語り継いでいくべきなのではないだろうか。

（二〇〇一年一二月一日）

＊パレスチナの自殺テロの真の起源は「特攻隊」でなく、一九七二年の日本赤軍によるテルアビブ空港乱射事件にあるとする説もある（『ル・フィガロ』紙、二〇〇一年九月一二日付）。

反米テロと真珠湾攻撃

2002.04

ブッシュ政権と石油利権問題

カザフスタンやトルクメニスタンの石油と天然ガスをオマーン海やインド洋に運ぶ経路になりうるアフガニスタンの戦略地政学的重要性は早くからアメリカの政府とエネルギー業界の強い関心の的になっていた。一九九五年以降、テキサス州のユノカル社が中心になって進めたアフガニスタン縦断パイプライン建設計画が実り、九七年、中央アジアガス・コンソーシアムが立ち上げられた。当時すでにアフガニスタンはタリバン支配下にあった。米国はあの狂信と蒙昧主義のタリバンと緊密な経済関係を結ぶことに何の不都合も感じていなかったことになる。九八年八月七日。ケニアとタンザニアのアメリカ大使館に対するテロ攻撃。ビン・ラディンの関与を疑う米国は二一日、アフガニスタンを報復爆撃。ユニカル社は計画から撤退した。

ところが二〇〇一年一月、発足早々のブッシュ政権はタリバンとの接触を積極的に再開した。大統領選でブッシュ支援の中核になったテキサス州の石油・ガス関連企業からの強い働きかけがあった（京都議定書からの離脱もこれと無縁ではない）。また、ブッシュ自身をはじめ副大統領チェイニー、国家安全委員長ライス、商務長官エヴァンズ、エネルギー長官エイブラハム、商務次官クーパーらの大統領側近はいずれも石油会社を経営した、あるいは勤務した経歴の持ち主である。チェイニーが取り仕切るエネルギー政策タスク・フォースが作られたのはブッシュ就任四日後の一月二九日だ。

国連事務総長アナンの特使ヴェンドレルが主導する「6＋2会議」（アフガニスタン隣接六カ国と米ソ）の場での交渉と並行して、アジア担当国務省高官ロッカや駐パキスタン大使サイモンズなどがタリバン側と、二月から八月二日の間、公式・非公式に頻繁に接触した。

アメリカは、タリバンが単独でアフガニスタンを安定的に支配することは無理と見て、北部同盟を入れた拡大政権を作ること、そのために大部族会議（Loya Jirga）を招集することをタリバンに要求してきた（元国王を利用する考えは多発テロ前からアメリカのアイデアだった）。国内の安定がパイプライン建設に不可欠だからである。アフリカの米大使館テロ攻撃、また二〇〇〇年一〇月一二日のアデン港停泊中の米駆逐艦爆破テロ以降は、ビン・ラディン身柄引き渡しが優先的な要求となった。

「真珠湾」との奇妙な一致

アメリカが提示したアメはタリバン主導の政権の承認と経済援助。ムチはもちろん軍事制裁。特に七月のベルリンでの接触では「金の絨毯」(tapis d'or)か「爆弾の絨毯」(tapis de bombes)かの選択を、パキスタンを介して、タリバンに迫った。

タリバンがビン・ラディン引き渡しの可能性を表明したことが少なくとも一度あった(ブッシュ政権発足早々の二〇〇一年二月五日)。タリバンの首領オマールとビン・ラディンの関係は不分明である。しかし、爆弾の絨毯が不可避であるからには先制攻撃に出るべきであると後者が前者を説得し、準備万端整えて待機していたアルカイダ部隊に「ニイタカヤマノボレ911」の信号を発したのではないか?(以上、二〇〇一年一一月一三日付『ル・モンド』によった)

ABCD包囲陣によってエネルギー補給路を断たれ、実質上の「最後通牒」ハル・ノートを突き付けられて、やむを得ず、あるいは敢えて選択した戦略的奇襲作戦として真珠湾攻撃を正当化ないし弁護する人たちも、テレビの画面で旅客機が世界貿易センタービルに突っ込む光景を見て「これは真珠湾だ」と直感したのではないだろうか。* わたくしが目にしたフランスの新聞すべての紙面にはPearl Harborが踊っていた。九月一六日付『ル・モンド』には真珠湾攻撃を準備段階から子細に叙述する記事が一ページ全面を使って掲載されもした。

似ている点はまだある。反米テロの実行犯は一九名。本当は二〇名のはずだった。潜水艦に乗り組んで真珠湾に出撃し戦死した「軍神」は九名。どうして半端な数なのか、子ども心に不思議に思った。実はひとり、捕虜になって生き残っていたことを戦後になって知った。

（二〇〇一年一二月八日）

＊『諸君！』という雑誌のアンケートに答えた七八人の有識者のうち四人が、反米テロから真珠湾より広島・長崎を連想したと言っている（〇二年一月号）。ビン・ラディンも広島・長崎に言及している。中東や南米のメディアにも広島・長崎・パナマ・ベトナム・バグダッドを連想しているものがあった。これも奇妙な一致である。

トロンプ・ルイユの政権委譲

2003.02

日本の新聞には「胡指導部登壇華やか」「幕開くか中国新時代」「未来見据え布石着々」といった見出しが踊った。同じ第一六回中国共産党大会を伝える『ル・モンド』の見出しは « En Chine, une passation de pouvoir en trompe- l'œil »。「トロンプ・ルイユ」とはいわゆる「だまし絵」。詳細な分析、また社説の論調もそれに合わせて冷徹である。

総書記に「選出された」胡錦濤《こきんとう》の知名度の低さを、日本の新聞は「長らく地方や党組織で地味な仕事に専念してきたため」と当たり障りなく説明している。『ル・モンド』によると、地方にやられたのは、数多の難関をくぐり抜けて生き延び頭角を現してきた若手党官僚の力量を試すため。チベット党書記であった一九八九年三月、植民地主義的支配に抗議する大規模なデモを鎮圧した手柄で、鄧小平に前途を嘱望され、抜擢されたのだという。

いまや経済大国の仲間入りをした中国はしかし、その強権的な体制のために、大国としての新たな責任を果たすことができない状況にある。「一切の対抗権力を欠いた、そして癒着と腐敗に侵されたこの体制は、北朝鮮のような危険な国々に密かに武器を輸出している。反体制派を臆面なく弾圧し、台湾の住民が営々と築いてきた民主主義を力ずくで奪うと脅迫している。二〇年間のあいだに累積した四五〇〇億ドルに上る海外からの投資への脅威となっている、国内の壊滅的な財政状況を生み出している。黄金の国《エルドラド》という国際的評価とはほど遠く、この国の基盤は脆弱である。社会平和を保つために、この国の銀行は五〇〇〇億ドルもの〝不採算貸付〟を累積させてしまっているのである」。

「要するに、京劇の一場面を派手やかに演じてみせるだけでは、これほどの規模の機能不全を生み出す統治体制の根本的な改革はとてもおぼつかない、ということである」。これが『ル・モンド』社説の結論である。

日本の新聞がこのような冷静沈着さを発揮したら、中国に支局を維持しておくことができなくなるのかもしれない。

「ルゥラの教訓」

2003.03

一月末、スイスのダボスで開かれた第三三回世界経済フォーラム。百数カ国から集まった二千数百名の「世界の帝王」たちが、昼間はミサイル搭載戦闘機、夜は赤外線カメラ装備のヘリコプターがパトロールする中、二〇〇〇人の警察官と、生物・化学兵器処理要員を含む一五〇〇人の兵士に守られ、「信頼を再構築する」という総テーマの下、イラク、イスラエル・パレスチナ紛争、テロリズムとのたたかいなど、「経済」とはほどとおい政治的問題を論議した。

同じ時期、ダボス会議に対抗して二〇〇一年に創始された世界社会フォーラムが、一二〇カ国、五〇〇〇のＮＧＯ・各種社会運動・労組・政党の代表や若者など、一〇万人を結集して、ブラジルのポルト・アレグレ市で開かれた。一七〇〇を越す講演・ワークショップ等のテーマは参加民主主義、持続的発展、新世界秩序、そして軍事化と戦争。

『ル・モンド』一月二八日付社説「ルゥラの教訓」によると、今回の最大の話題は、ブラジル大統領に就任したばかりのルイス・イナシオ・ルゥラ・ダ・シルバが、フォーラムで演説したのち、その足でダボスに乗り込み、ポルト・アレグレのメッセージを、経済フォーラム参加者たちに伝達したこと。ルゥラの愛称で呼ばれる元金属労働者のダ・シルバ大統領は飢えと貧困こそが不寛容と狂信を生み出すと訴え、対等・平等な条件のもとでの自由貿易の必要を説いた。

戦争で費消される何百億ドルという資金を、この地球上の三〇億の貧しい人々の教育・健康・食糧・住居のためにあてることができたならば……。「別の世界をつくることは可能だ」Un autre monde est possible がポルト・アレグレに集った者たち共通の信念。従来の「アンチ・グローバル化」antimondialisation に代わる「別のグローバル化」altermondialisation という新しい自己規定が採用されたのもそのためである。

ところで諸兄姉。世界から四〇〇〇人ものジャーナリストが押し寄せたポルト・アレグレに関するニュース、日本のメディアで見聞きされましたか？

プーチン訪仏とチェチェン

2003.04

二月一〇日から三日間、ロシア大統領プーチンがフランスを公式訪問した。イラク問題で味方につけたいフランスは大歓迎。首脳会談とエリゼー宮での晩餐会、学術・文芸の府・学士院での歓迎会等をお膳立てした。だが、一〇日の『ル・モンド』の一面トップの見出しは「チェチェン　プーチンの戦争の実態」。二ページ目全段抜きの見出しが「ロシア軍　テロルと拷問でチェチェンを制圧」。

そして、このページ全面と三ページ目の半分を費やして、三年前からチェチェンを占領しているロシア軍が繰り返しおこなっている略奪、拉致、拷問、殺害の残虐悲惨な実態を詳細に伝える特派員のルポルタージュを掲載した。この冬、ロシア兵が打ち出した新手は「人の薪束」と「水漬け」。鉄棒で殴りつける、電流を流す、火のついた煙草を押しつける、歯を抜き取る、といった拷問で瀕死のチェチェン人男性たちを人気のない野原で薪のように束ねて爆破するのが「人の薪束」。酷寒のもと、水を満たした穴の中に立たせたまま何日間も放置するのが「水漬け」。

フランスだから当然のことだが、「ジェノサイド」をロシア統治の手段としているプーチン、国際政治の思惑から三年前と違って批判を控えているシラク、両大統領への抗議デモがおこなわれた。また、A・グリュクスマン、B‐H・レヴィ、Ph・ソレルスは学士院での歓迎に抗議する声明を連名で『ル・モンド』に寄せた。学士院は「チェチェンにおける虐殺、ロシアを覆う腐敗、テレビと新聞の押さえ込み、帝政・ソビエト時代のシンボル・儀式の復活をとり仕切るこの情けない人物」のお先棒を担ぐのか、と。

プーチン訪仏の一カ月前、モスクワを訪問した日本の首相は昨年一〇月にチェチェン武装ゲリラに占拠され、鎮圧部隊の使用した毒ガスで一二九人の犠牲者を出したノルド・オスト劇場に赴いて献花した。チェチェン問題はアル・カイダと同じテロリスト集団とのたたかいだ、とするロシアのプロパガンダにまんまと乗せられてしまったようだ。

『ル・モンド』に打ち込まれたミサイル

2003.05

一九四四年に『ル・モンド』を創刊したH・ブーヴメリ（一九〇二―八九）は清廉潔白かつ剛直の士。この新聞を真の「対抗権力」にするため献身した。編集権の独立を守るため、記者会が第一株主であり、「特別多数決阻止比率」を持っている。『ル・モンド』の路線は一言で言えば「中道左派」。対米追随を排し、ソ連の全体主義を一貫して批判、フランス植民地主義に反対、政財界の汚点を厳しく洗い出す独立不羈の報道・言論はドゴール派から共産党に至るまでの政治勢力に忌み嫌われ、しばしば激しい攻撃にさらされた。経済界が出資して『ル・モンド』をつぶすために競争紙が創刊されたこともある。

今年二月二六日、二人のジャーナリスト、P・ペアン、Ph・コーアン共著の『ル・モンドの裏面』という本が店頭に並んだ。「対抗権力から権力濫用へ」というサブタイトルが付いた六三四頁の大部な本である。メディア界は騒然。すぐにベストセラー。『ル・モンド』の監査役会長A・マンク、社長J－M・コロンバニ、編集長E・プルネルの三人は九四年に実権を握って以来、しばしば偏向した報道で世論を欺き、経営的にも拡大・多角化に奔り、株式の上場を策して、創立者の敷いた路線を裏切っている、と主張する。極左トロッキストだった編集長の経歴を執拗にあとづけ、高給をはみ、政財界・メディア界の権力者たちと派手に交わる社長の生活を暴露する激しい個人攻撃にも多くの頁を割いている。

『ル・モンド』側は発売当日の紙面を大きく割いて、個人的な怨恨、僻み、羨望、憎悪にもとづく非難中傷、罵詈讒謗《ばりざんぼう》だ、裁判に訴えて理非曲直を明らかにする、と息巻いた。かつて、ミッテラン大統領の若い頃の、ヴィシー政権との曖昧な関係を暴いたペアンの本を『ル・モンド』は緻密詳細な調査に裏付けられている、と称えた。自分が調査の対象にされたとたん「デマとでっち上げ」だけでは済むまい、という論評がなされている。ジャーナリズムのあり方もからみ、今後の推移が注目される。

国連人権委員会の茶番劇

2003.06

四月二二日、北朝鮮による拉致被害者の家族五人がジュネーブの国連欧州本部で開かれた国連人権委員会に出席し、被害者の帰還を待つ「心情を訴えた」（二三日付国内各紙）。これより先、四月一六日、同人権委員会は、北朝鮮の人権状況を厳しく非難し、日本人などの拉致問題の解決を求める決議を賛成28、反対10、棄権14で採択した。「決議に強制力はないが、北朝鮮への国際圧力が強まることは必至だ」（一七日付国内各紙）。

Oui, mais...（*Yes, but...*）。欧州連合（ＥＵ）が提出、日本や米国も共同提案国になったという、至極当然な、万人が賛成するだろうこの決議に、反対10、棄権14とは、どういうことなのか？『ル・モンド』（四月二七日付）がこの疑問に答えてくれる。

採決前に退場した韓国を加えた五三カ国が構成する人権委員会は数年前から機能不全に陥っ

ている。アフリカ諸国、アラブ諸国、それにロシア・中国などが、その場その場の自国の都合で談合し、仲間の国が非難されることがないようにとり計らっている。かくて、今度の会期では、キューバ（イラク戦争に世界の目が集中しているのに紛れて多数の反体制派を弾圧）、ロシア（チェチェンにおける軍の蛮行）、中国、スーダン、ジンバブエなどの国内の人権侵害を非難する決議はいずれも否決された。アメリカは新政権への配慮から今年は中国非難の提案を取りやめ、ロシア・中国は北朝鮮非難に反対した。要するに、メンバーになって駆け引きに加われば非難を免れることができるわけで、北朝鮮も構成国に立候補している、という。

『ル・モンド』は「国連で茶番劇」と題する社説で、委員会が普遍的な基本的人権と自由の原理に立ち戻ることの必要を説いているが、言うは易し、の感を免れない。事態を憂慮したアナン事務総長は九月までに改革案を用意するようデメロ人権高等弁務官に指示した。「国連外交」重視が口先だけのお題目でなく本気の方針なら、日本政府はこのような分野でこそ積極的な貢献をすべきではないだろうか。

「大国」の条件？

2003.07

フランス語に snober という動詞がある。英語からの借用語 snob の派生語で、「見下す」「すっぽかす」という意味である。

ブッシュ米大統領はイラク問題で対立したシラク仏大統領がホストとなったエヴィアン・サミットを一日目だけで snober して、ヨルダンのアカバに飛んだ。中東紛争解決に指導力を発揮しようというのである。クリントン前大統領が熱心に進めた仲介外交に批判的で見向きもしなかったのがたいへんな変わり様だ。仏頂面のシャロン首相とアッバス首相の間に立って得意満面の映像は対立抗争を繰り返す傘下のグループの親分たちをむりやり和解させようとしているマフィアの大親分を彷彿させた。

前日の社説で、「大量破壊兵器の所有と製造」というのは戦争を始めるために米英両国がついた「国家的嘘」(mensonge d'Etat) だったと批判した『ル・モンド』も五月三一日付社説を「ブッシュ氏は〝固い決意〟を表明している。われわれとしては激励する他ない」と結ばざるをえなかった。中東和平は世界中の誰もが心から願っている。

〇五年までにパレスチナ国家樹立を目標とする三段階の「ロードマップ」の骨格は、〇二年にアメリカ、EU、ロシア、国連が共同で練り上げたもの。しかし、EUもロシアも国連もお呼びでなく、snober された。アメリカの独擅場である。

それにつけて思い出されるのが、戦争反対の論陣を張ってフランスが世界中で喝采を浴びていた頃の社説の一節。「フランスが今、フランスにふさわしい役割を国際舞台で演じることができるのは、言うまでもなく、フランスが国連安保理の常任理事国であるから、そして、核兵器保有国であるからである。と同時に、本格的な軍事産業を持っているからである」(三月一六日付)。鼻白んでしまうほどの現実主義である。そのフランスも超強大国アメリカが相手では、手も足もでない。

常任理事国でも核兵器保有国でもなく軍事産業大国でもない(と思うが)日本が国際舞台で自主的・主体的に活躍することは可能なのだろうか?

(六月一〇日記)

ベッカムの素姓

2003.09

　地中海に臨むニース市のメインストリートは「英国人の散歩道」(La promenade des Anglais)。この名が示すようにニースは(それにカンヌも)英国の貴族・大ブルジョワが創ったリゾート都市だ。この辺の墓地を訪れると十九世紀末から二十世紀にかけてのイギリスの青年男女の墓が多い。霧深く暗鬱な土地から陽光燦々《さんさん》たる紺碧《こんぺき》海岸に結核の療養に来ていた富裕な階級の子弟かと推測される。

『ル・モンド』(七月一一日付)によると、近年、EU加盟国人、ベルギー人、オランダ人、ドイツ人、そして特にイギリス人が温暖な気候と豊かな自然、ゆったりとした暮らしを求めてフランスの田舎を買い占めつつあるという。人気があるのは百年戦争(一三三七—一四五三)当時、仏英がその帰属を争った南西部アキテーヌ地方。「原住民」のなかには英国人による「植民地化」

を「英国人はかつて武器で取れなかった土地を今、金で手に入れようとしている」とこぼす向きもあるとか。

格安料金の航空路線が増えたことがこの動きを助長していて、ドルドーニュ県にはいまや数万人の英国人が住んでいる。自由業（弁護士・医師等）が多く、ウイークデーは英国で仕事、週末に帰宅して家族と過ごすというスタイルが少なくない。飽和状態のDordogne県（いまやDordogneshireと英国風に皮肉られる始末）から近隣のリムーザン地方、ミディ・ピレネー地方、さらには東部、地中海地方も英国人所有の土地が増え、全国農村部の三％に達するのだそうだ。

ご多分に洩れずあのベッカム様も最近カンヌ近くに避暑用として一〇〇ヘクタールの土地を買った（五月二〇日付）。この地域にはすでにupper classの英国人がうようよいる。そのひとりの奥方がキッチンセットの取り付け職人と美容師の間に生まれたベッカムについて*The Observer*紙の記者に言ったという。「ここは素姓の知れない球蹴りと歌うたいが住むところではございませんわ」。

『ル・モンド』の記事の結びは「英国人は階級的偏見を決して忘れない」。

「殴られる女」

2003.10

テレビドラマの撮影でリトアニアの首都ビリニュスに滞在中の女優マリ・トランティニャン（四十一歳）が、七月二七日、同行していた愛人のロック歌手ベルトラン・カンタ（三十九歳）と「痴話」喧嘩の挙げ句、顔面を強打され、脳挫傷による昏睡状態のまま、意識を回復することなく、八月一日、死亡した。

被害者はあの名優ジャン＝ルイ・トランティニャンとその妻で演出家のナディヌ・トランティニャンの娘。自身も幼い頃から映画やテレビ、また舞台で、複雑で繊細な数々のタイプの女性を演じて、俳優としての確固たる地位を確立していた。加害者はロックグループ「黒い欲望」Noir Désir のリーダー。メッセージ性の高いテクストと激しい音楽で、十五歳から三十五歳の幅広い年齢層から圧倒的に支持され、二〇〇一年に出したＣＤはミリオンセラー。

フランスの「タレント」は「インテリ」が多い。この二人も、フェミニズム、移民労働者、無許可入国者、パレスチナ問題、イラク戦争等、政治的・社会的問題にも積極的にコミットメントしてきた。それも人気のもと。この事件はあらゆるメディアが大きく報じ続けている。『ル・モンド』も例外でないが、これを契機に「殴られる女」(femmes battues)（家庭内暴力の被害者を指す言葉）の問題を特集で論じた（八月九日付）。

二〇〇〇年におこなわれた政府の調査によると、フランスでは毎月六人の女性が配偶者の暴力で死亡している。一〇人に一人、つまり一五〇万人の成人女性が夫の暴力にさらされている。調査対象になった二十歳から五十九歳の六九七〇人の女性の一七%が成年に達したあと、男性から暴力を受けたことがある。そのうち五三%は配偶者から。全体の五%が殺害の危険にさらされた経験がある。この種の暴力は低所得層、しかもアルコール依存症の男性に多いというのは俗説で、すべての階層にわたっている。

「フランスには、多くのマリ・トランティニャンが存在している」と『ル・モンド』の社説は警告している。

もうひとつの9・11

2003.11

去る九月一一日、二年前のではなく、三〇年前の出来事に思いを致した日本人はごく少数であったのではないだろうか。当日、各紙とも、朝・夕刊の紙面を同時多発反米テロに大きく割いたが、チリ・クーデタに触れたのはサンティアゴ駐在記者の論評を国際面右下の隅に載せた読売新聞のみ。

『ル・モンド』は一面トップの見出しとリードで予告したあと、二頁と三頁全面を使って事件を振り返り、チリの現状を分析した。さらに、スペインの有力紙『エル・パイス』と共同で「もうひとつのアメリカ」と題する二四頁の別冊特集を出し、民主化と経済発展を目標にして台頭しつつある、しかし数々の矛盾を抱えた南アメリカ諸国・諸地域についての情報を提供した（『リベラシオン』、週刊誌『ヌーヴェル・オプセルヴァトゥール』、その他多くのテレビ・ラジオ局も特集を組んだ)。

一九七〇年九月、民主的な選挙によってS・アジェンデが大統領に選出される。「第二のキューバは絶対に認めない」とする米大統領ニクソンの命を受けた国家安全担当補佐官キッシンジャーはCIAとペンタゴンの要員からなる組織を指揮して、社会主義政権打倒を謀る。アメリカの直接間接の介入によって激化した政治的・経済的混迷の三年間を経て、一九七三年九月一一日、アジェンデに任命された陸軍総司令官ピノチェトが裏切って蜂起。大統領はカストロから贈られた軽機関銃で自らの命を絶った。政治的にはテロル、経済的にはシカゴ学派の頭領M・フリードマンの弟子たち(« Chicago boys »と呼ばれた)が米政府・世界銀行・IMFと合意の上で推進したネオ・リベラリズムを柱とする独裁政治が一六年間続いたのだった。

三〇年前のチリを振り返ることは今日の我々の問題を照射する。また、今日の南米は真の意味でのグローバル化、つまり「もうひとつのグローバル化」l'altermondialisation をめざす者たちに多くの示唆を与えてくれる。『ル・モンド』は特集の意味をこう説明している。

確信犯・マハティールの反ユダヤ発言

2003.12

「ヨーロッパ人は一二〇〇万人のユダヤ人のうち六〇〇万人を殺した。しかし今日、ユダヤ人は代理人を使って世界の運命を左右している。彼らは自分たちの代わりに他の国の人々を戦わせ死なせている」。しかし「一三億のイスラム教徒は数百万のユダヤ人に負けるはずがない」。

一〇月一六日、イスラム諸国会議機構（ＯＣＩ）第一〇回首脳会議の冒頭、マレーシア首相マハティールは五七カ国の首脳を前にしてこう言ってのけた。

「六〇〇万人のユダヤ人を殺したヨーロッパ人」の新聞である『ル・モンド』社説（一〇月一九／二〇日付）の反応は過激だった。

「誰も席を蹴って退場しなかった。会場の誰ひとり、至極当然であるかのように平然と言い放たれたこの発言を、途方もないグロテスクな人種差別主義と判断しなかった。ヨーロッパの古くさい反ユダヤ主義を彷彿させる発言にEUとアメリカは強く抗議した。しかし会場からは何の反応もなし。何故なのか？　主催者への礼儀からではない。無気力からでもない。もっと深刻な理由からである。列席者は賛成だったからだ。アラブ＝イスラム世界ではそうした考えが行き渡っているからだ。自明の真理として、政府、（多くは統制下に置かれている）メディア、教員が日常的に広めているからだ。反西欧的な言説の一部となっているのだ。多くの専制的な体制が、煽っているとは言わぬまでも、体制への不満のはけ口として許容しているのだ。イスラエル＝パレスチナ紛争に直接関わりを持たない者に限ってかえって激烈な反シオニズムを叫ぶ傾向があるが、そうした反シオニズムを口実に反ユダヤ主義が日常化され正常視されるようになる。そして、この、純正単純な、むきだしの人種差別主義が政治的《討論》の当たり前の論点であるかのように通用するようになる。マハティールはさすがに《ユダヤ人》とたたかうのに平和的な手段を推奨した。しかし自分の言説がテロリズムを助長することを知るべきである」。

二十一世紀はやはり「文明＝宗教の衝突」の世紀になるのであろうか？

ヤヌス日本

2004.01

一一月九日の衆議院選挙結果。『ル・モンド』（一一日付）は社説のほか、五頁目の半分余りを費やして論評した。

社説のタイトルは「ヤヌス日本」« Un Japon Janus »。古代ローマの神ヤヌスは門や扉の守護神で二つの顔を持つ。

「ネオ・リベラル派小泉が今回の選挙から引き出すべき教訓は、自分がヤヌス日本、二段速の国 un pays à deux vitesses の首相である、ということである。堅固とは言えぬまでも着実な景気回復は彼の政策の成果ではない。にもかかわらず首相はこれを自分の手柄としている。実は、彼は郵政事業と道路公団の民営化を軸とする《構造改革》を優先させて、国民のさまざまな不安を軽視している」。

「リストラの影響は深刻である。人心を結集するような共同の展望を持たず核化した国民、脅迫的かつ危険な国際環境（アメリカ主導のグローバリゼーションとテロリズム）のなかで動揺する国民は指導性の不在に不安を抱いている。危機がもたらした亀裂、雇用の不安定や新しい形の社会的格差・不平等に小泉氏の説く改革はいかなる解決ももたらしていない」。

「日本はいまポスト工業段階にある。雇用は付加価値の高い産業部門とサービス部門にますます集中しつつある。この大規模な脱工業化に加えて、人口の高齢化が急速に進み、社会保障の問題が焦眉の課題となりつつある。改革が必要・不可避なことは誰もが認めている。しかし、《小さな政府》政策と、勝者と敗者の格差を拡大する過酷な競争とは日本社会が直面している公平 l'équité の諸問題に答えるものではない」。社説は結んでいる。「日本の抱える問題はいかなる社会をめざすのかという選択の問題であることを、今回の選挙は示した」。

「欧米に追いつけ追い越せ」という単純明快な国家目標を掲げ、アメリカの核の傘に庇護されて、ひた走りに走っているうちはよかったが、今や、グローバル化した世界の中で、国の内外でみずから果たすべき役割を構想することができないでいる、ということだろうか。

共和制の礎をいかにして守るか

2004.02

昨年秋からフランス社会を揺るがしているイスラム教徒女子中・高校生のスカーフ問題の発端は一九八九年。オアーズ県クレユ町の中学校で三人の女子生徒が校内でスカーフを外すことを拒否したために退学させられた。文部大臣から諮問された国務院《コンセイユ・デタ》は布教行為を働かない限り校内での着用可との判断を示した。それ以来スカーフ着用の生徒は増える一方で、具体的な処理にあたる現場の校長・教員たちを困らせてきた。

一四年後の昨年一二月一七日、政界、宗教界、教育界などの代表四〇〇人の前で、シラク大統領は学校内で「宗教的帰属を誇示するシンボル」を禁止する法律を制定し、〇四年九月新学年から施行することを言明した（一二月一九日付）。たかがスカーフ、何故そんな大問題になるのか、信教の自由の侵害ではないか、と言う人はフランス共和制の歴史とその本性を知らない。

「フランスは不可分の、非宗教的、民主的かつ社会的な共和国である」というのが一九五八年憲法によるフランスの政体の定義。「非宗教的」の原語は laïque（ライック）、その名詞形は laïcité（ライシテ）。六歳から十三歳までの「無償・非宗教《ライック》・義務」教育が確立したのは一八八二年。「教会と国家の分離」法が成立したのは一九〇五年。いずれも十八世紀啓蒙思想以来の長いたたかいを経てかちとられたフランス共和制の礎である。「ライシテ」（政教分離）は特殊フランス的であるどころか、フランスが世界に発信し続けている普遍的メッセージなのである。

着用を強制されている、いや自主的選択だ、という議論は虚しい。着用している女生徒たち、禁止法制定に反対してデモをするアラブ系女性たちの背後にはイスラム原理主義者が隠れている。チャドル、足首までを覆う衣服がイスラム世界における女性抑圧のシンボルであることはサウジアラビアの女子大生が置かれている条件を見れば明白である。近代フランスが発したもう一つの普遍的メッセージである宗教的寛容 tolé rance を持ち出すのは見当違いも甚だしい、と思う。

「無知な輩《やから》に相撲はわからない」

2004.03

「東京は息が詰まる。天皇家の京都の庭園は陰気。相撲はインテリのスポーツではない」。フランスのニコラ・サルコジ内務相の発言は『ル・モンド』も報じた（一月一七日付）。二〇〇七年の大統領選立候補の野心にはやる同氏が、ギメ美術館の仏像の前で四〇分間も立ち尽くしたという逸話もあるほどの、また大の相撲好きで有名な知日派・親日派のシラク現大統領を嘲笑した、なかば意図的な失言だった。フランス政界が騒然となったのはそのためで、日本をけなしたからではない（サルコジはもとはシラク子飼いの政治家。九五年の大統領選でシラクを裏切ってバラデュール候補の参謀になった。一度干されたが、〇二年、内相に就任以来、治安対策等で八面六臂の活躍で世論の寵児となり、シラクにとって獅子身中の虫となった）。

裏情報によると大統領の反応は次のとおり（『カナール・アンシェネ』一月二一日付）。

「この芸術（＝相撲）を理解するためには少しばかり繊細さが必要だ。うわべにとどまってはだめ。相撲取りに必要な資質はまず力と体重だ。しかし同時に、無知な輩《やから》が考えるのとちがって、戦術的な知性と忍耐心がなければならない」。

これに続く最後の一句 « Alors, forcément... »（となれば当然……）は言い切られていないが、言いたいことは明らか。戦術的な知性 l'intelligence tactique と忍耐心 la patience を欠き、今から野心丸出しのサルコジには相撲はわからない、まして大統領の器でない、ということ。

話は変わるが、サルコジという人が大統領のポストを虎視眈々と狙う実力者になれたということ自体がフランスという国の懐の深さを証している。同氏の父親パル・ナギ・ボスカ・イ・サルコジは一九二八年、ハンガリーの首都ブダペストの貴族の家庭に生まれた。一九四四年、ソ連軍が全土を占領。パルは四八年パリに亡命。富裕な医師の娘と結婚。五五年生まれの次男ニコラはつまり移民二世なのである。米国でもオーストリア生まれの俳優が州知事になった。日本では考えられないこと（先はともかく）、と思う。

「法＝正義はバティスティの側に」

2004.04

一九八八年、イタリアの極左グループ「共産主義のための武装プロレタリア」の幹部チェザーレ・バティスティ（現在、四十九歳）は、七八年と七九年に犯した四人（看守・商店主・宝石商・警察官）の殺害と強盗の罪によって終身刑の判決を受けた。

欠席裁判だった。八一年に脱獄し、メキシコに逃亡したからだ。九〇年にフランスに移住。以来、住宅ビルの管理人をしつつ、一〇冊前後の推理小説をガリマールその他の一流書店から出版してきた。

その彼が二月一〇日、イタリアの引き渡し要求を受けた当局に逮捕された。すぐさま、文壇の大御所ソレルスやR・デフォルジュ、D・ペナックら六〇〇〇人（作家、出版者、政治家、一般人）が釈放を求めるアッピールに署名した。『ル・モンド』も「法＝正義（le droit）はバティスティの側に」と題する社説（三月四日付）で擁護した。理由は次のとおり。

①九一年、フランスの裁判所はすでに一度イタリアの引き渡し要求を退けている。一事不再理の原則に反する。

②八五年二月のミッテラン・ドクトリンを尊重すべきである。イタリアの活動家が「テロリズムとはっきり縁を切り、フランス社会に溶け込んで生活している場合には、引き渡さない」というのがフランスの原則的立場。

③バティスティは欠席裁判で、転向者の証言のみ、決定的証拠なしで断罪された。しかも四半世紀前の出来事。引き渡されれば再審の余地無く、終身刑で収監される。これは欧州人権条約と、欧州人権裁判所が擁護する公正な裁判のルールとに違反する。

三月三日に釈放されたバティスティをイタリアに引き渡すかどうかの審理は四月七日におこなわれる（本稿執筆は三月）。

イタリアでは今、極左極右の暴力が荒れ狂った七〇年代（「鉛の時代」と言われている）に犯したテロ行為の罪で一〇〇人を越える元活動家が獄に繋がれている。当局は国外逃亡者を厳しく追跡し続けている。

「テロリスト＝作家」を支援するフランス知識人の態度にイタリアの世論は「とまどっている（perplexe）」（三月五日付）。

写真の中の三人目

2004.05

『ル・モンド』三月九日付一面トップの見出しは「フランス保守政界へのホセ・マリア・アスナールの教訓」。

政治的安定と経済成長、二期八年間の輝かしい実績を遺し五十一歳で引退する意志を表明していたスペインの首相の長大なインタビューを掲載したのである。五日後の一四日に行われる総選挙では与党の国民党の圧勝が確実視されていた。

インタビューでは、世界八位の経済大国に躍進したスペインがＥＵ内で英仏独に並ぶ発言権を持つようになることが自分の宿願と述べる一方、自分の政界引退を、独裁官のポストを捨てて農耕生活に退いた古代ローマのキンキナトゥスや五十六歳で修道院に隠棲した神聖ローマ皇帝カール五世の先例に比したり、「人気はあっても無能な指導者ほど困ったものはない」と七十一歳のシラク大統領を当てこすったり、さらには、シラク政権与党に必要なのは「ひとつのビジョンを掲げひとりのリーダーのもとに全員が結集すること」と教訓をたれるなど、まさに得意の絶頂のおもむき。今後は自分の経験と思想を内外に広めるため自分の作ったシンクタンクの運営と執筆活動に当たると結んだ。

インタビュー二日後の三月一一日。二〇〇人近くの死者と一九〇〇人の負傷者を出したマドリードの爆弾テロ。その三日後の総選挙では、みずからマスコミ幹部に電話をかけまくってバスク過激派の犯行と説き続けた「国家の嘘」が国民を怒らせて、よもやの惨敗。

インタビューを読んで思い出したのが、〇三年三月二八日付に載った「写真の中の三人目」と題するアスナールのやはり長大な人物評伝である。大国の仲間入りを狙い、国民の八〇%の反対を押し切ってイラクに派兵したアスナールがアゾレス諸島でブッシュ、ブレアと会談し、米大統領に肩を抱かれて嬉しさを押さえ切れぬ表情で写真に収まっていた。

民をあなどる者は久しからず、ということか。アメリカに追随したアスナールに追随したポーランドの首相も辞任に追い込まれた。

フランコフィル・フランコフォンの英国王室

2004.06

一九〇四年フランスはイギリスとl'Entente cordiale「英仏協商」(「誠意ある相互理解」が本意)を結んで、エジプトはイギリスの勢力圏、モロッコはフランスの勢力圏と認め合うことによってドイツの野望を押さえ込もうとした。

この植民地主義帝国どうしの取り引きの一〇〇周年を祝うために四月五日から三日間、英国女王エリザベス二世がフランスを公式訪問した。一一月にはシラク大統領が英国を公式訪問する。その間、両国間で各種の記念祝賀行事が計画されている。

四度目の訪仏だが、女王が四度も公式訪問する国はフランスだけ。十三歳でフランス貴族の女官からフランス語を習った女王は、だから、フランス好き(フランコフィル)かつフランス語の鮮やかな使い手(フランコフォン)。五日、内外二四〇人の賓客を招いたエリゼ宮(大統領官邸)

の華麗な晩餐会、翌六日、リュクサンブール宮（上院）に集《つど》った両院議員のレセプション、女王のスピーチはいずれもフランス語だった。

〇二年に亡くなった母太后、ジョージ六世王妃にいたっては九三年ロンドンに建てられたド・ゴール将軍像の除幕式を取り仕切った、九八年のサッカー世界選手権でフランスが優勝するとラ・マルセイエーズ（フランス国歌）を歌いながら祝杯を挙げた、というほどのフランスびいき。チャールズ王太子もフランス語に堪能で、九四年パリを訪れた際、「フランスは自分の心の中で特別な場を占めています。可能な限り頻繁に訪れますが、これで十分ということはありません」と述べた。

英国人はフランス嫌いと言われるが、イギリスの識者によると、それは大衆であって、エリートはフランコフィルでヨーロッパ統合派（『エクスプレス』誌、四月五日付）。ブレア首相も『ル・モンド』に寄せた「わたしのヨーロッパ」と題する論文（四月二九日付）でEUの拡大と深化の「戦略的・政治的・経済的重要性」を説いていた。フランス＝反米／イギリス＝親米といった紋切り型にとらわれていると、歴史の流れが見てとれない。

システムとしての拷問

2004.07

『ル・モンド』も、連日、米軍による拷問事件を報道しかつ論じた。五月八日には八頁の付録特集を出した。総じて『ル・モンド』の視点はアルジェリア戦争中（一九五四年―六二年）フランス軍がアルジェリア人尋問中に「方法的に」おこなった拷問と関わらせて論ずるものだった。アメリカの新聞もこの問題を軍国日本やナチス・ドイツの事例と対比しつつ歴史の中に位置づけ、かつ人間の条件と関連づけて考察していたようだ。

実は『ル・モンド』はだいぶ前から週に一度、『ニューヨーク・タイムズ』の記事を英語のまま転載した八頁の付録を出しているのである。五月九／一〇日付付録にはこの件について、三本の記事が載っていた。「どんな人間でもその状況に置かれると拷問者になりうる」「アメリカの刑務所では拷問・虐待は日常茶飯事」「実は拷問は効果がない」という論調だった。これに一枚の写真が添えられていた。二人は着物、他は制服姿（その一人は鞭を手にしている）の一〇人の男が尻を丸出しにして台の上にうつ伏せになっている男を取り囲んでいる。写真の説明は「一九〇五年の写真。尋問中、朝鮮人の囚人が日本軍にむち打たれている」。

『ニューヨーク・タイムズ』の意図は、『ル・モンド』と同じく、強固な宗教的・倫理的信条、軍・警察内部の確固たる原則と厳格な紀律、さらには国際的な法規制がない限り、拷問は防げないことを主張することにあったと思われる。

小林多喜二が特高による拷問で殺された一九三三年の日本は、サダム・フセイン独裁下のイラク、金正日独裁下の北朝鮮と、どこが同じでどこが違うのか。第二次大戦中、日本の軍隊と警察は朝鮮半島や中国、東南アジア各地域を占領中に、今回の米軍のような蛮行をおこなわなかったのかどうか。

日本の新聞は記憶喪失症のわたしたちの蒙を啓いてくれるべきではないのだろうか。「社会の木鐸」を自認しているのであるならば……。

「戦争状態は大統領に白紙小切手を与えない」

2004.08

六月三〇日付『ル・モンド』一面トップの見出しは、「グアンタナモ　米最高裁、ブッシュの主張退ける」。

ブッシュ政権はアフガニスタンで拘束したタリバンやアルカイダ・メンバーのアメリカ人を「敵方戦闘員」、外国人を「不正規戦闘員」と定義し、これらには捕虜の取り扱いを定めたジュネーヴ諸条約（＝国際人道法［旧呼称では「戦争法」］）は適用されない（条約では捕虜の尋問は禁止されている）、「対テロリズム戦争」は普通の戦争と違うのだから、と主張し、〇二年四月以来、キューバ領内のグアンタナモ米軍基地に約六〇〇人を抑留している。米国領土外だから国内法は適用されない、つまり拘置の理由を通告する必要も起訴する必要も弁護人をつける必要もなく、面会も認めないまま、無期限に拘禁しておくことができる、という理屈である。イラクのアルグレイプ刑務所での残忍な取り調べの方法がグアンタナモで練り上げられたものであることはメディアによって広く報じられた。

イラク暫定政府に主権が移譲された同じ六月二八日に最高裁が下した判決は米国国籍の者はもちろん、外国籍の者も、拘禁の不当性を主張して米国の裁判所に提訴することができる、「戦争状態は人権問題で大統領に白紙小切手を与えない」というものであった。

九人の判事のうち七人が共和党の大統領に任命されている、どちらかと言えば保守的な最高裁からさえ否認されるほど、ブッシュの所業は無法無頼ということか。それともアメリカの民主主義制度健在の証《あかし》と言うべきか。

ところで、『ル・モンド』が「九・一一以来、市民の自由と政府の権限に関するもっとも重要な判決」として一面トップで伝えただけでなく、社説の他、二、三頁全面を費やして論じ、さらに「対テロリズム戦争と人道法」と題する八頁の付録特集を出した（そしてその後もフォローし続けている）この問題――私の見た日本の新聞は夕刊の片隅に二二行の記事を載せただけだった。『ル・モンド』の人権感覚は過敏にすぎるのだろうか？

ケリー候補は移民三世

2004.09

「国務省のキャリア外交官を父に、財閥フォーブス家の娘を母とし、米東北部の典型的な富裕家庭に生まれた」。

アメリカ大統領選挙の民主党候補ジョン・ケリーは日本の新聞にこう紹介されていた。共和党もこの点を誇張して攻撃材料にしているようだ。

しかし『ル・モンド』によると、父親の「キャリア」は輝かしいものでなく、途中で嫌気がさし、一九六二年に退職してしまった。フランスのブルターニュ地方に生まれた母親はたしかにフォーブス一族だが、つつましい傍系。ジョンは大伯母からの学費援助を得て名門中学・高校に学び、「ガリ勉」で伸《の》し上がってエール大学に進学した。「典型的な富裕家庭」とはだいぶ違う。

それはそれとして、ジョンの父方の祖父フリッツ・コーンとその妻イダは中央ヨーロッパのユダヤ教徒。一九〇二年にカトリックに改宗。〇五年にアメリカに移住。アイルランドの県名を姓にして、フレデリック・ケリーと改名。事業で失敗を重ね、三度目の破産に耐えかねて、二一年、ボストンのホテルのトイレで拳銃自殺してしまった。

ジョンはこの悲劇を、父の死（二〇〇〇年）後の〇三年、『ボストン・グローブ』紙の記事で知ったのだという！

ケリー氏はバツイチ。七〇年に大学時代の友人の妹と結婚したが、八八年に離婚。その七年後、航空機事故で死亡した共和党上院議員ジョン・ハインツの未亡人テレーザと再婚。ハインツはケチャップで有名な大食品会社。テレーザ夫人が継いだ遺産は五億五〇〇〇万ドルだと！

この、向こう意気が強く独立不羈の、六十五歳の女性の経歴がまた凄い。五カ国語を操るが、それもそのはず。ポルトガルの植民地だったモザンビークに育ち、南アフリカとスイスの大学に学び、国連職員を経て、ハインツ家の一員になった人である。〇三年、共和党員を辞め、夫の属する民主党員になった。

以上、『ル・モンド』（七月二五―三一日）で知った。アメリカを知るためにもフランスの新聞が役に立つ。

過去を現在に生かす

2004.10

一九四四年八月一九日、ノートル・ダム寺院に近いパリ警視庁の屋上に三色旗が翩翻《へんぽん》とひるがえった。庁舎を占拠した二〇〇〇人の警察官は、市内に潜伏していたド・ゴール派、共産党系の抵抗組織と共に、一斉に蜂起し、ドイツ軍と激しい銃撃戦を交わした。二五日、ドイツ軍が降伏。パリは解放された。

これを記念する各種行事が八月二四日から二六日まで市内各所で繰り広げられた。六月六日の連合軍のノルマンディー上陸作戦、八月一五日の南仏プロヴァンス上陸作戦に続く、第二次大戦関連の六〇周年記念行事の三幕目である。

『ル・モンド』（八月二五日付）社説は言う。「国民的な記憶を凝縮したこうした出来事は、型どおりの儀式で祝うだけでなく、われわれの現在を照らす鏡となってはじめて意味をもつ」。

もちろん、みずからの手で首都を解放し、自由と独立を回復した、ド・ゴール率いるフランスの栄光を称揚するのはよい。しかし、それまでの四年間の「もう一つのフランス」を忘れてはならない。まず「ヴィシー政権と対独協力のフランス」。ユダヤ人を次々に検挙し、アウシュビッツをはじめとする収容所に送り込んだフランス。一九九五年七月、当選直後のシラク大統領が国家としての責任を認めて謝罪するまで、公式には国家としての存在自体を否認されていたフランス。「蜂起」の数週間前に、ヴィシー政権首班のペタン元帥を歓呼して迎えたパリ市民のフランス。たしかに、パリ蜂起で斃れた一七五〇人のうちの一六七人は警察官だった。しかし、それまでの四年間、警察はユダヤ人とレジスタンス派の戦士をきびしく追い詰めドイツ軍に引き渡してきたのだった。蜂起三週間前の七月三一日、パリ北郊ドランシーの収容所から大人《おとな》一〇〇〇人、子ども三〇〇人のユダヤ人が列車でドイツに発送されたのであった。そのフランスを、人種差別主義・反ユダヤ主義がまた頭を持ち上げつつある今、忘れてはならない。

靖国参拝に固執する日本の政治家たちは、日本の過去の何を、現在と将来に、どう生かそうとしているのだろうか？

もうひとつの四人組

2004.11

日本の小泉首相がブラジルのルラ大統領、インドのシン首相、ドイツのフィッシャー外相と仲よく手をつないでいる大きな写真が新聞の紙面を飾っていた。九月二一日、国連総会直前に、日本の呼びかけで会談し、足並み揃えて安保理常任理事国入りをアッピールしたのだと。

その前日、国連本部で、別の四人組の呼びかけで約五〇カ国の首脳が、そしてアナン事務総長も参加した会議については、わたしの見た日本の新聞では、ひと言も触れられていなかった。

ルラ大統領、フランスのシラク大統領、チリのラゴス大統領、スペインのサパテロ首相のイニシアティヴによる「飢えと貧困に対するたたかい」をテーマとする非公式の首脳会議である（『ル・モンド』九月二二日付）。

世界には栄養失調に苦しむ八億四〇〇〇万人の人々がいる。二八億人の人々が一日二ドル以下で暮らしている。二〇〇〇年九月の国連総会で全会一致で採択されたミレニアム宣言は、二〇一五年までに貧困者の数を半減させる目標を掲げた。この目標を達成するためには、今の途上国への公的援助総額六〇〇億ドルに、毎年五〇〇億ドルを上乗せする必要がある（巨大な額だが、全世界のGNP四〇兆ドルの〇・一二五％）。

これをまかなうために四人組は、金融取引、武器売買取引、空中・海上輸送に対する税、多国籍企業に対する追加税、クレジット・カードによる買い物に対する税など、「世界税」の創設を提唱したのである。

社説も言っているように、これらは「いずれも技術的に可能で、経済的に合理的な」施策だが、国際的な政治的意志が存在しない現在、実現の見込みはない。しかし、「四人組が国連の場で世界的動員を訴えたことは無駄ではない」。「この種の国際的奮起がなければ、アフリカの子どもたちが皆、小学校に行けるようになるのは二〇一五年でなく二一二九年、アフリカで貧困が半減するのは二一四七年、乳幼児死亡率が三分の一に減るのは二一六五年になる」。

別世界アメリカ

2004.12

九・一一の反米テロ事件の際、「われわれはすべてアメリカ人だ」と題する論説で連帯を表明した『ル・モンド』のコロンバニ社長が、大統領選の結果について今度は「別世界」« Un monde à part »なるタイトルの長い論説を書いて、ヨーロッパが引き出すべき教訓は三つある、と主張している（一一月五日付）。

まず、ブッシュが現実主義に立ち返って軌道修正をするだろうという幻想は捨てよう。彼は、悪（テロリズム）に対する戦争が正当化された、伝統的な同盟関係は時代遅れ、国連の枠組みにこだわる必要はない、国際法には拘束されない、従来の盟友よりはロシアの方が頼りになる、内外いずれにおいても人権尊重に拘束されない、封じ込め政策よりは力の行使、政治力よりは軍事力が効果的、と考えているのだから。

次に、「超強大国」の横暴を慨嘆するのはやめよう。アメリカの強大な力はヨーロッパの無力と表裏の関係にある。アメリカが単独主義に奔《はし》るのは、言うことを聞かせる力がヨーロッパにないからだ。力の格差が大きすぎると真の意味でのパートナーシップは不可能である。EUがアメリカ並みの軍事予算を組むことは不可能だ。しかし、国連でドビルパン外相が主張したように、力の行使をルールに従わせようとするには、こちらも力を持っていなければならない。

もはや逃げ道はないことを覚悟しよう。同じ世界に属する者どうしの協議と共通の状況判断にもとづく欧＝米の協調は、もはや不可能なのだから。ブッシュのアメリカは別世界なのだ。世界の覇権をめざすアメリカは、EUの軍事的自立を押さえ込み、中東、チェチェンなど個別的問題を個別的に解決するのでなく、「テロリズムとの戦争」ととらえ、さらには宗教を政治の中心に据えようとしている。

「米国という長兄に弟の日本が諭すことがあってもよいはずだ」などという絶望的におめでたい論調をフランスのメディアで読むことはない。ヨーロッパはアメリカを出来の悪い粗暴な弟分と見ることはあっても兄貴分と見ることはない。

ロシア帝国再建の執念

2005.01

二〇〇四年一一月二一日に始まったウクライナの「オレンジカラーの革命」。大統領選をめぐってキエフの独立広場を占拠した大規模な示威行動。周到に準備され、緻密に指揮・統率され、外国からの資金援助も得ていたようだが（『ル・モンド』一二月四日付）、ロシアの露骨な内政干渉と腐敗した強権政治に抗議し、よりよい生活と民主主義を求める幾十万の民衆の熱い素直な願いに共感を覚えた人たちも多いことだろう。危うく毒殺を免れた野党リベラル派のユシチェンコ候補が一二月二六日のやり直し選挙で首尾よく当選できるか予断を許さないが（本稿執筆は一二月一三日）、政権の座についても前途多難が予測される。すでに、中央銀行総裁として彼の前任者で、財政家・政治家としての彼の育ての親でもあったV・ヘトマンは、九九年の大統領選にロシア派クチマ大統領の再選を阻止すべく立候補を予定していたが、九八年四月、暗殺されている。

ウクライナの問題は、グルジアやモルドバと同じく、いかにしてロシアの属国的状況から抜け出し、真の意味で民主的な独立国になるかにある。

プーチン大統領は、西欧型の民主主義はロシアの「経済的・社会的発展段階に適さない」として、連邦制を無視して中央集権を推し進め、九一年のソ連崩壊以来の民主化の動きにブレーキをかけ、特に言論統制を強めている（一一月一九日付社説）。

対外的には、東欧のかつての衛星国と、ソビエト連邦に併合されていたバルト諸国の離反とEU接近に危機感を募らせ、傀儡政権をつうじた周辺諸国の支配維持に躍起になっている。彼の執念は「国境を拡大することによって国境を守る」というエカテリーナ二世ドクトリンにもとづき、社会主義の名のもとにスターリンが実現した「ロシア帝国」の再建にある（一一月三〇日付）。

軍部・警察・諜報機関を三本柱とするプーチン独裁体制のロシア。そんな国が六〇年間占領し続けてきた島々を返してくれると、日本の政治家と外交官は本気で考えているのであろうか？

文化の多様性を守るたたかい

2005.02

二〇〇三年一〇月、ユネスコ総会は文化のコンテンツと芸術表現との多様性を守るための条約案を二年後（つまり今年）の一〇月の総会に提出するよう事務局長に要請した。文化は他の商品と同じに扱ってはならない、また、文化の多様性は国などの公的な助成政策によってこそ守られる、という哲学が提案の根底にある。具体的には、各国政府が固有の文化政策を策定し実行できるようにするために、世界貿易機関（ＷＴＯ）等の、すでに存在する取り決めよりも上位の、強制力のある法的枠組みをつくる、ということ。二四カ国からなる委員会が草案を審議している。ＥＵ・カナダ・インド・中国・ブラジル・セネガルが推進派の中軸。また、韓国を含む世界の一九カ国で出版・映画・テレビ・音楽等の関係者が組織する「文化の多様性のための連合」（Coalition for Cultural Diversity）が運動を展開している。

ところが、文化産業が輸出のトップを占める米国が、「通商政策はＷＴＯの仕事。ユネスコは関わるべきではない」「文化の多様性を口実に自由貿易の新たなバリアをつくってはならない」と言って、この条約制定に猛反対をしている。

米国の戦術の第一は、厖大な量の意見と修正案を提出して、条約を骨抜きにすると同時に、審議を遅延させて、時間切れに追い込むこと。第二は、モロッコ、チリ、カンボジア、ブルキナファソ、ベナン、ベトナム、いくつかの東欧諸国と次々に二国間自由貿易協定（ＦＴＡ）を結んで、既成事実をつくること。相手国が輸出を望んでいる産物・製品の関税を下げたり撤廃したりする見返りに、映画・テレビ・音楽・書籍・ニューメディア等の輸入自由化を迫っている。

以上、「アメリカの敵　文化の多様性」と題する『ル・モンド』（〇四年一二月一三日付）の記事で知った（本稿執筆は〇五年一月一〇日）。

ユネスコの現事務局長は日本人。日本は、例のごとく米国に追随して、この条約に反対だそうだが、どんな舵取りをするのだろうか？

「この恥は国民のアイデンティティ」

2005.03

一九四五年一月二七日、アウシュヴィッツ強制収容所はソ連軍によって解放された。その六〇周年の機会に行われた式典でのドイツ・シュレーダー首相とフランス・シラク大統領の格調高く熱誠溢れる演説は、今の時勢を考え合わせると、日本でこそ多くの人々が胸に手を当てて熟読玩味すべきものと思う(『ル・モンド』一月二八日付)。一月二五日、ベルリンのドイツ劇場でシュレーダー首相が述べたことばをいくつか紹介する。

「アウシュヴィッツの後、悪というものが実在することを、その悪はナチスによるジェノサイドという形をとって現れたことを、誰も否定できません。であるからといって、あの悲劇を『悪魔』ヒットラーの人格で説明する古い言い訳を持ち出そうとするのではありません。ナチス・イデオロギーは肥沃な土壌を見いだしたのでした。人間が望み人間が作ったものなのです」。

「六〇年後の今、わたくしは民主主義国ドイツの代表として、殺害されたすべての人々、収容所の地獄を生きのびた人々に（全ヨーロッパのユダヤ、ロマ、同性愛者、反体制活動家、捕虜、レジスタンの人々に）、わたしの恥（＝慚愧の念＝honte）を表明します」。

「ナチス体制下の戦争とジェノサイドの記憶は……ドイツ国民のアイデンティティの一部になっています。ナチスとその犯罪を忘れないこと、これは道徳的な義務です。われわれはこれを、犠牲者だけでなく……われわれ自身に対して負っているのです」。

ネオ・ナチス政党が頭をもたげたり、「被虐史観」からの脱却を主張したり、「世界はドレスデンを覚えているか」（一九四五年二月、米英空軍の爆撃でドレスデン市は壊滅し三万五〇〇〇人の市民が死んだ）式の、加害者が被害者顔をする論調が現れたりしているが、ドイツの指導者たちは過去を客観的かつ真摯に反省し、自由と民主主義、人権を国が拠って立つ原理とする固い決意を鮮明にしている。だからこそ国際社会の信頼をかちえているのだろう。

「もっとも野蛮な刑罰」

2005.04

三月一日、「残酷あるいは過度な刑罰」を禁じた合衆国憲法修正条項第八条に違反する、という理由で、アメリカの最高裁が犯行当時未成年（十八歳未満）だった死刑囚の処刑を禁止する決定を下した。全国で約三四五〇人いる死刑囚のうち、七二人が該当する。

これを論じた『ル・モンド』の社説（三月三日付）の一節を紹介する。

今回の決定は一歩前進だし、アメリカにおける人心の変化を示している。世界の世論にも配慮している。「しかしながら、死刑廃止のたたかいは勝利したわけではない。超保守派A・スカリア判事のような存続派は、今回のような制限措置を重ねていくと、死刑の根拠そのものが脅かされることになると主張しているが、逆に、このような決定は死刑を容認させる結果につながると見る者もある。つまり、最高裁の論理では、もっとも野蛮な刑罰は、その『過度な』

側面を取り除かれ、いわば文明化される、というのである。この危険を過小評価してはならない。死刑を執行できないようにするというのは有効な戦略である。しかし、死刑は根本的に正義に反するとする原理的たたかいを忘れてはならない」。

要するに、精神障害者だとかないとか（精神障害者の処刑は〇二年に禁止された）、成年だとか未成年だとか、誤判救済ができなくなるとかいうことにかかわりなく、死刑は「もっとも野蛮な刑罰」である、廃止すべし、ということである。

最高裁の今回の決定は、九三年、盗みに入った家の女性を殴り、猿轡をかませ、コードで縛って連れ去り、川に投げ込んで溺死させた当時十七歳の犯人の死刑執行を阻止するために廃止運動家たちが提訴した結果で、欧州連合、欧州評議会、そしてノーベル平和賞受賞者一八人がこれを支持した。

欧州連合加盟の条件のひとつは死刑廃止。トルコは加盟したいばかりに廃止した。この問題、「日本の常識はヨーロッパの非常識」の数ある例のうちのひとつであるようだ。しかし、根拠ある判断をするのはむずかしい。

「自然の叡智」の曖昧性

2005.05

「人類の進歩と調和」を謳った大阪万博と違って、「二十一世紀最初の万博である愛知万博は『自然の叡智』をテーマに掲げている。温室効果ガスの排出削減をめざす京都議定書が発効した後を受けて特別な意義をもつことは確かだが、持続的発展が提起する根本的諸問題を回避した曖昧なスローガンである」。

「ブータン王国の自然仏教の伝統からマレーシアの珊瑚礁や竹を使ったドーム型の日本館に展示されている『自然の壮麗さ』にいたる世界の自然・文化遺産、また、資源利用を抑制するための伝統的・現代的手法を前面に押し出している」。

だが、愛知も大阪も「産業化とともに生まれた科学至上主義への揺るがぬ信仰」という点では共通している。「地球と人類との契約は人間相互のあいだの契約に他ならない」という問題、

「持続的発展の社会的側面、つまり貧困とのたたかい」という真の問題を「避けて通っている」。「愛知万博はテーマにおいてのみでなく実現の過程においても曖昧である」。反対運動のリーダー、愛知大学名誉教授・景山健氏によると、「ハノーバー万博のときは賛否を問う住民投票がおこなわれたのに、ここでは拒否された。計画をめぐる討論に参加させてもらえなかった。さらに、貧困と環境破壊の関係という根本問題が排除された」。

「毎日新聞はこの万博を『トヨタの産業見本市』と評したが、実際、トヨタの影が万博を覆っている。組織委員会の中枢はこの会社のスタッフが占めている。万博のための公共工事（新環状高速道路、新空港）のお陰で会場に近いトヨタの工場都市・豊田市の交通の便が改善された」。

「日本がパビリオンを提供した（はじめてのことだが、使用者は内装の費用だけを負担すればよい）ため、貧困諸国の参加を促す結果につながった。また、政府は参加の呼びかけに応えた諸国への公的援助の配分で格別の『厚意』を示した」。

『ル・モンド』（三月二六日付）の長い記事の主要部分を紹介した。コメントは不要と思う。

トルコの癌　歴史認識

2005.06

ドイツ側に付いて第一次大戦に参戦したオスマン・トルコ政府は、国内に住む二〇〇万人のアルメニア人が敵国ロシアと通じていると疑い、この抹殺を決定し、一九一五年四月二四日を期して実行を開始した。十二歳以上の男子は殺害。残る女・子ども、四十五歳以上の男はシリアの砂漠とメソポタミア方面へ強制移動。大半はその途上で、あるいは各地の収容所で死んだ。犠牲者の総数は一〇〇万―一五〇〇万人。これは、英仏米の連合国、ドイツまたトルコの資料によって客観的に裏付けられている歴史的事実である。

共和国建国の父ケマル＝パシャの上からの強権的な近代化路線を引き継いだ「国家の中の国家」軍部と現在のエルドガン政権は、政教分離の問題で対立はあるが、アルメニア人ジェノサイドの史実を認めない点では一致している。このジェノサイド否認は、クルド人問題の存在の否認とキプロス共和国承認の拒否とともに、今のトルコ共和国の礎なのである。

トルコがNATOの反共産圏橋頭堡であった時期には欧米諸国はこの問題に目をつぶってきたが、冷戦終了後、アルメニア共和国（人口三二〇万人）とヨーロッパ各地に住む三〇〇万人のアルメニア人の働きかけで、多くの国が次々にジェノサイドの事実を公式に認めている。だが、トルコ政府は、戦時下という文脈で殺戮と移住はあったが、「ジェノサイド」説はデマ、と主張している。

今年二月、「一〇〇万人のアルメニア人と三万人のクルド人がトルコで殺された」と現代トルコ文学の旗手オルハン・パムクがスイスの新聞に語ったと伝わると、官民、マスコミ挙げてのヒステリックな糾弾が始まった。「パムクはトルコのアイデンティティ、トルコ国軍、トルコ全体に対して、根拠のない言明をした情けない輩」だと指弾されている（『ル・モンド』四月一三日、一二四／二五日付）。

過去を正面から見つめ、正しく総括し、次の世代に受け継いでいくことができるかどうか。その国の民主主義のレベルを計るメルクマールである、と言うべきか。

大統領になる方法

2005.07/08

ＥＵ憲法批准の可否を問うフランスの国民投票で反対派の主導者のひとりだったＬ・ファビウスは、一九四六年生まれ。骨董商の富豪の子。高等師範学校《エコル・ノルマル》、パリ政治学院、国立行政学院で学んだ超秀才。国務院を経て政界に転じ、八四年、社会主義政策を放棄して緊縮政策に転向したミッテラン大統領に抜擢され三十七歳で首相になった超エリートである。出自、学歴、政治家としての経歴と実績、生活スタイル、起居振る舞い、話しぶり、何から何まで、庶民とは無縁の大ブルジョア、社会党とは言いながらネオ・リベラル市場主義の旗手と見られてきた。〇三年末、『まずはぶらりと』なる本を出して、好きなのは、ニンジンの千切りサラダ、テレビで人気の歌謡ショー、ジーパンでバイクを乗り回すこと、などと庶民ぶりをアッピールしてみたが、期待した効果は得られなかった。すでにＥＵ憲法案は公開されていたのにほとんど言及なし。

　イメージチェンジ作戦がうまくいかないと見るや、左傾戦略を選んだ。〇四年八月、社会党第一書記F・オランドが批准賛成の方針を打ち出すと、対抗して反対を表明。同年末の党員投票で五八%が賛成という結果が出て、党首対副党首の対立に決着がついた。と見えたが、〇五年三月以降、共産党、トロツキスト党、社会運動、農民運動と組んで、しゃにむに反対運動を展開した。それもこれも、〇七年春の大統領選で左翼連合の統一候補になることを狙ってのこと。

　成功するかどうか、予断を許さない。六月四日、党執行部から排除された。共産党はともかく、極左政党と社会運動派が支持する保証はない。社会党内にもジョスパン前首相などライバルがいる。

　一方、与党もシラク大統領は死に体。新内閣のド・ヴィルパン首相とサルコジ内相は犬猿の仲。サルコジは就任早々、来年には大統領選の準備のため辞任する、と広言する始末。

　これからの二〇カ月、フランス政界は野心と野心が激突する泥仕合が繰り広げられるだろう。欧州の政治統合などにかまけていられないのである。

「思想の自由」と「労働法」

2005.09

日本の「経団連」に相当するフランスの団体の名称は、一九九八年以降、Medef（メデフ）、つまりMouvement des entreprises de France「フランス企業運動」。「運動」と称しているところに、フランスの経営者たちの自己認識のありようがうかがえる。

メデフは全国七五万の大中小企業がつくる業種別、地域別の組織の連合体であるが、七月五日、一九九七年以来会長を務めたE－A・セイエールに代わる新会長を選出した。これがかつてない出来事として注目を集めた。

まず、選挙で決まったこと。従来はボス同士の水面下の駆け引きで候補者がしぼられ、執行委員会で追認されていた。今回は全国大会の場で五五〇人の代議員が三人の候補者について投票して決めた。

次に、いきなり二七一票を集めて当選したのがローランス・パリゾなる女性だったこと（メデフは、代議員中女性はたった一八人という、男性支配の世界である）。しかも、四十五歳の若さ。そして、なかなかの美形。パリ政治学院出身の才媛。三十一歳で経営不振の世論調査会社を買収して立て直し、〇二年には家具製造会社を父親から引き継いだ辣腕の経営者。

といっても実は、前者は従業員二一〇人、後者は一九〇人の中小企業。しかしこの点がまた革新的なのだ。これまでは大企業、しかも、第二次産業、つまり鉄鋼・機械等、もの作り業界出身の会長が通例だったのが、第三次産業、つまり銀行、保険、流通業界、いわば「虚業」の世界の支援を受けて当選した。『ル・モンド』も社説で「真の文化革命」、「政治的意味」も大きいと評した（七月七日付）。

さて、パリゾ女史が吐いた警句として有名なのが « La liberté de pensée s'arrête là où commence le droit du travail. »「思想の自由は労働法が始まるところで止まる」。経営者にとって邪魔なのは労働法規。これの「近代化」、つまり規制緩和が自分の任務だ、という次第。骨の髄から「ネオ・リベラル」派なのだ。秋以降のフランスの労使関係は波乱含みか？

ブッシュの歴史認識

2005.10

「アメリカは日本に自由と民主主義をもたらしたようにイラクを解放し民主化するだろう」。八月三〇日、対日戦争勝利六十周年記念式典の演説でブッシュ大統領はこうのたまった。

歴史の違いを無視したあまりに大雑把な類比だと、「太平洋戦争の忘れられた教訓」と題する論評でポンス記者が批判してくれている（九月二日付）。

「六年間の占領中、日本で殺された米兵はひとりもいない。日本が敗北を受け入れたのは米国が占領計画を持っていたからだ。また特に国民が民主主義に回帰し、……リベラリズムを復活させることを願っていたからだ」。

「十九世紀末以来、法治国である日本では議会制が機能し、民主主義の理念のためにたたかった言論が存在した。一九三〇年代はじめに軍国主義にのめり込む以前、他のアジア諸国にとって日本は社会主義思想の中心地だった。リベラルな思想が日本には根付いていたのだ」。

「大都市では大正デモクラシーの土壌から、西欧の影響を受けた新しい生活・思考様式を普及する多彩な大衆文化が花開いた。さらに日本は高い教育水準と結合した社会的まとまりと強固な文化的アイデンティティを備えていた」。

「はじめアメリカは民主的価値を活性化するために左翼勢力と労働組合に賭けた。保守勢力を再生させて日本を反共主義の砦に変えることに決めた一九四七年まで日本占領は理想主義的なニューディール政策の最後の施工現場だった」。

「民主主義とある程度の社会正義をもたらした占領は正当性を持っていた。国民は占領期を断絶ではなく『中間期』と受け取り、それを国の経験に統合した。占領は屈辱でなく解放だった。民族の尊厳を損なわなかった」。

日本占領はイラク占領のモデルにならないことを明らかにした後、ポンス記者はイラクの状況と日本がつくった満州傀儡国家の類似、日本軍国主義者のアジアの盟主的思い上がりとアメリカのネオ・コンたちのイデオロギーの類似を指摘している。日本のメディアは一言もなし？

NHKへのお願い

2005.11

敗戦六〇周年の夏のある日、フランスのTV5（日本でも視聴できる）を何気なく点《つ》けてみたら、塹壕《ざんごう》から両手を挙げて続々と出てくる老若男女の姿が画面に映った。日本人である。サイパン島陥落のドキュメンタリーだとわかった。『日本語大辞典』（講談社）の「サイパン島戦」の項目には「昭和十九年六月、日本軍の玉砕後、市民・婦女子らも自決」と書いてある。番組では、断崖絶壁から海に飛び込んだり、手榴弾《しゅりゅうだん》で自爆したりする兵士・一般人が多くいた状況の中で、米軍が説得工作を重ね、多くの人々を救った様子が繰り広げられていた。

昭和二十年三月九日の東京。八月一四日の熊谷。危うく惨禍を生きのびてきたつもりでいたが、とても比ではない。サイパンで生き残った子どもたちは、いま、どこで、どうしているのだろう。知りたい、と思った。

Arte（仏独共同経営のチャンネル）が放送した『東京　戦争が終わった日』（九月二一日）と『瓦礫の下の日本』（九月二八日）は Serge Vialet が制作したそれぞれ五〇分のドキュメンタリー。『ル・モンド』のテレビ評論担当D・ドンブル記者が推奨している（九月二三日付）。

アメリカ軍の撮影した映像を使った第一部では、昭和二十年九月二日、東京湾に投錨したアメリカの戦艦ミズーリ号上で、両手をズボンのポケットに突っ込んだ連合軍最高司令官マッカーサーが見守る前で、重光外相、梅津参謀総長が降伏文書に調印する。「上海でテロにより片足を失った」重光、「南京で日本軍が犯した虐殺、強姦など」の残虐行為の責任を問われた梅津の過去が想起される。「この非直線的な構成が番組に強い喚起力を与えている」。第二部では、無名の人々の証言を用いて、「戦時の歳月を沈黙の地中に埋めて再建に邁進する日本」が描かれる。

わたしたち日本人が忘れてはならない歴史を描いた「胸を打つ」ドキュメンタリーを、わたしたちでなくフランス人が見ている。日本のメディアはわたしたちを啓蒙する責任を果たしてもらいたい。いまからでも遅くない。このドキュメンタリー、ぜひ、放送してもらいたい。

文明の衝突?

2005.12

産業革命が急速に進展しつつあった十九世紀中頃のフランス。すでに、少子社会になりつつあった。労働力不足を補うため外国人受け入れを積極的に推進した。当然、近接国のベルギー人とイタリア人だった。これが第一波。第二波は、フランスが一三〇万人の戦死者、一〇〇万人の傷病兵を出した第一次大戦後。イタリア人とポーランド人が主力。彼らがフランス社会に問題なく受け容れられたわけではない。フランス人労働者から蔑視された。暴力的な衝突も稀ではなかった。

第三波は一九五〇年代以降の高度成長期。今度はイタリア、スペイン、ポルトガルに加えて、北アフリカのアルジェリア、モロッコ、チュニジアからの労働者が多かった。鉱業・鉄鋼・自動車産業のリクルーターが北アフリカの農村をまわって若者を駆り出した。最後にやって来た者たちが猜疑と偏見の対象とされるのは法則的だ。欧州諸国からの移民は次第にフランス社会に融け込んでいった。だが、マグレブのアラブ人、ブラック・アフリカからの人々は、大都市郊外の団地に閉じ込められ、グローバル化に伴う産業構造の変化と生産の国外移転のために失業に追い込まれた。第二世代、第三世代には、教育機関からの脱落・失業・麻薬などの闇経済・犯罪の悪循環に巻き込まれている者たちも少なくない。パレスチナ、イラクなどの状況も影響している。

一〇月末からの大都市周辺における未成年者による「都市ゲリラ戦」の映像を連日見せられると、フランスは「文明の衝突」を国内に抱え込んでしまったのか、と危惧される。「移民を統合できないフランス」などと提携紙『ニューヨーク・タイムズ』や『エル・パイス』などの社説で書き立てられて、『ル・モンド』の社説もしょげている（一一月六／七日付）。

だが、自動車に放火して夜の町を跳梁するあの子どもたちを、民主主義と自由と人権と平等の共和制原理のもとに「統合」intégration（「同化」assimilationとは違う）できないとしたら、フランスに未来はない。

共和国との出会いの場

2006.01

英国の多文化主義に対するフランスの移民同化主義の破綻、という陳腐な紋切り型が日本では、メディアをとおして、定着した感があるが、雇用と住宅と教育における移民に対する差別は西欧諸国すべてが抱える問題である。

移民の子どもの反乱に応えて、フランスのド・ヴィルパン首相が「学校は共和国との出会いの場」というスローガンを掲げて、大がかりな教育改革を提案した。

フランスには一九八一年来、ＺＥＰ（教育優先地区）という制度がある。不登校、成績不良、校内外の暴力や非行など、問題の多い地域の学校に、定数以上の教員・指導職員を配置する。スポーツ・文化活動を組織する地域団体に財政支援をする。当然のことながら移民が多く住む大都市近郊に多い。二〇〇二年、社会党内閣に代わった保守内閣は予算を次々に削減し、この制度を骨抜きにしてきた。これを再び強化しようというわけである。

首をかしげたくなる対策もある。十四歳からの職業訓練教育システムの設置（十六歳の義務教育終了まで同一カリキュラムという「単一中学校」の原則の放棄）。さらに、問題生徒の親との間に交わす「親権者責任契約」なる制度を提案した。学校と親が契約を結び、問題生徒の就学・学習をきめ細かく指導する、ただし、親が契約を履行しない場合は家族手当の支給を停止する、というものである。

「教育における不平等は社会的不平等の原因でもあれば結果でもある」から、教育格差を埋める対策は結構だが、提案が先行して、財政的裏付けができていない、とのこと（『ル・モンド』一二月二日付）。

首相がＺＥＰてこ入れ政策をぶち挙げたとたん、サルコジ内務相が「ＺＥＰは破綻した。廃棄して抜本策を講ずべし」と言明。閣内不一致をさらけ出した。

車や学校に放火してまわるあの子供たちを、社会学の研究対象からシトワイヤン＝公民に変えるという国家的課題を前にして、一年半後の大統領選の保守派候補どおしのさや当て。今や死に体の大統領。フランスの政治の混迷は終わらない。

「そのものずばり、黒」

2006.02

「黒人であること、これは社会的事実である。われわれの社会には皮膚の色にもとづく共通の経験、すなわち差別が存在する。人種なるものは奴隷制秩序を正当化するために発明された。それ以来、人類は黒人を被支配者の立場に置いた」。

F・ファノン『黒い皮膚・白い仮面』からの引用ではない。昨年の一一月末に設立された「黒人団体代表協議会」（CRAN）の主導者のひとりのことばである。

フランス共和国は平等を国是のひとつとしているから、宗教や人種をもとに結集することを communautarisme（共同体主義）として非難する空気がある。そのため、三年前からCRANの設立を準備してきた三十代、四十代の知識人、政治家、スポーツ選手、各種活動家ら、黒人フランス人エリートたちは、はじめ婉曲語法を使い、「フランスにおいて多様性（diversité）を推進する行動委員会」を設立し「サハラ以南アフリカおよび海外県出身の在留市民」を結集することを考えていた。

ハリケーンがニューオーリンズを襲ったとき、フランスのメディアは「貧困層と黒人」が特に被害を受けた、と書いた。しかし、パリで劣悪なおんぼろホテルが燃えて子どもを含む大勢の黒人が死んだときは、「移民」「アフリカ人」としか言わなかった。「仮に彼らがその手だてを持っていたとしても、皮膚の色ゆえに、まともな住居を手に入れることはできないことにはまったく触れずに」。「そのものずばり、黒」(Noir, tout simplement) と名乗ることにした所以であるという。

二〇〇一年五月、かつての奴隷制を「人類に対する犯罪」とする法律を満場一致で採択した国民議会が、二〇〇五年二月には「海外における、とりわけ北アフリカにおけるフランスの存在のポジティヴな役割を学校教育指導要領で認める」べしとする条項を含む法律を採択し、元植民地や海外県の住民の怒りを買った。A・セゼール、L-S・サンゴール、M・コンデ、R・コンフィアンらの後継者たちの道程は遠い(『ル・モンド』〇五年一二月七日付/一〇日付)。

ビバ　ラス　ムヘレス!

2006.03

昨年一一月に就任したドイツ初の女性首相、A・メルケル氏。わずか二カ月で内政・外交両面で並々ならぬ実力を認知させた。EU首脳会議では対立する英仏間の調停役を務めた。米との関係を修復する一方で、ブッシュ大統領にグァンタナモ収容所の閉鎖を勧告した。ロシア・ドイツを結ぶガス・パイプライン計画を前進させる一方で、プーチン大統領にチェチェン問題、人権問題で苦言を呈した。

他方、日本にはワインでお馴染みの南米チリで一月一五日、やはり女性初のミッチェル・バチェレ大統領が誕生した。三人の子を持つ五十四歳の小児科医。空軍将官の父親は、七三年九月、ピノチェト将軍のクーデタに反対したため、拷問で殺された。七五年、自分も母親と共に捕らえられ拷問された。オーストラリア、東ドイツで亡命生活の後、七九年帰国。医師として、また、社会党員として活動するなかで、ワシントンで軍事戦略の勉強もした。中道左派連合のラゴス政権のもとで厚生相、国防相を歴任。英・仏・独・ポルトガル語に堪能。なまじっかの人材でない。

六％の成長率を誇る好調な経済にもかかわらず、カトリック教会が強力なチリはきわめて保守的な、そして不平等な社会。コンドームの広告が許可されたのは二〇〇〇年。離婚が法的に認められたのは〇四年。職場でのセクハラ法が採択されたのは〇五年。中絶はいまだに禁止。国民所得の五六％が人口の二〇％の手中に集中している。五人に一人が一日二ドル以下の生活。大学新卒者の三〇％が就職できない（一月一五／一六日、一月一七日付）。

「排除のない、差別のない、男女同権の社会」をスローガンに当選したバチェレ大統領がどのようにチリの未来を切り開いていくか、予断を許さない。

さて、フランスでは、社会党の大統領候補のひとりセゴレーヌ・ロワイヤル女史の人気が高まる一方である（二月三日付）。来年五月、フランスにも女性大統領誕生？　ひからびてシニックになりがちな老人の心も弾んでくる。ビバ　ラス　ムヘレス！（女性バンザイ！）

風刺画事件の教訓

2006.04

デンマークを震源とするムハンマド風刺画事件を「イスラムと西欧の間の文明の衝突」とするのは単純すぎる、と『ル・モンド』の国際問題専門家シルヴィ・コフマン編集副部長が書いている（二月二一日付）。この騒動で、価値の問題をめぐって、米／欧間の断層と、欧のイスラム教徒／中東・極東のイスラム教徒間の断層が顕在化した、というのだ。

アメリカでは、新保守主義イデオロギーに支配され、宗教勢力に頼るブッシュ政権は、イスラム教を侮辱するものとして、風刺画掲載を批判した。九・一一事件以来、自主独立性が弱化している第四の権力＝メディアも転載を自粛した。これに対し、反教権主義の伝統と政教分離の原則を持つフランスをはじめとするヨーロッパ諸国政府（英国を除く）は言論・表現の自由を擁護する立場をとった。ＥＵのバロゾー委員長もヨーロッパ的諸価値を強力に主張し「われわれの社会に恐怖をのさばらせてはいけない」と言い切った。同じ立場から少なからぬ数の新聞が風刺画を転載した。

風刺画事件は法治原則の問題をも提起した。シリアやイランなどの政府は民衆を扇動して欧州諸国の海外公館を襲撃させ、国際法を踏みにじった。その一方で、イスラム諸国会議機構（OIC）は「宗教と預言者への中傷は表現の自由の権利と相反する」とする決議案を国連に提出した。OICを構成する五七カ国には表現の自由は存在するのだろうか。

EU連合内にはすでに、一五〇〇万人のイスラム教徒が定住している。その大半は穏健派である。中東諸国における過激な暴力行動と対照的に、ヨーロッパ諸国のイスラム教徒団体は冷静な対応を訴える声明を発表し沈静化に努めた。フランス等で教徒団体が風刺画を転載した新聞に訴訟を起こしたことも、法治原則を受け入れていることの表われである。

なるほど。表層の現象に目を奪われていると、深層の構造と変化が見えてこない。デンマークには、すでに、シリアやパキスタン出身の国会議員がいる。日本ではとても考えられないことだ。

欧州労組の連帯

2006.05

国会で採択された若者向け新雇用制度（ＣＰＥ）が国民の「無理解と誤解」（ド・ヴィルパン首相）の圧力で撤回されたフランスの「騒動」は日本でも大きく報じられた。「きびしい現実を直視できない国民の迷妄を醒ます、これこそが私の使命だ」（三・三〇付）と豪語していた首相は、面目丸潰れどころか、〇七年の大統領選立候補の大望もあえなく潰えてしまった。

ところで、日本では報じられなかったが、新法にとどめを刺した四月四日の全国行動の際、パリの数十万人のデモ隊の先頭に、フランス各労組のリーダーたちと肩を並べた欧州労働組合連合（ＥＴＵＣ）書記長ジョン・モンクス（英国人）の姿があった。『ル・モンド』が伝える同氏の言葉（四・六付）。

「欧州のすべての労働者はこの法律に反対している。各国労組はフランスの勤労者と若者に連帯している」「まさに今日、各国のフランス大使館の前でデモがおこなわれている」「先週、英国で一〇〇万人の労働者がストをおこなった。ドイツでは公共部門と金属産業でストがあった。ネオ・リベラル政策に対する不満が欧州を覆っている。ドイツとオランダの政府はヴィルパン法に関心を持っている。ギリシア政府はすでに同種の法を導入した。欧州諸国のうち、社会政策にもっとも前向きなフランスがネオ・リベラリズム勢力に屈したならば、ドミノ効果で他の欧州諸国もこれに流されるだろう」

二十六歳以下の若者を雇用すれば、二年以内であれば理由を明示せずに解雇できるという法律を、（フランス経団連会長パリゾ女史のように）労働法による硬直した規制の「柔軟化」flexibilisationととらえる者たちと、歴史的なたたかいによって獲得され、労働法に蓄積されてきた「社会的既得権益」acquis sociauxを切り崩す不安定化précarisationと見る者たち。人間社会は支配層と被支配層のせめぎ合いの歴史であった／ある／あるだろう。フランスの「騒動」で問われているのは実はわれわれ日本の社会が抱えている問題でもあるのではないだろうか。対岸の火事的な論評にもかかわらず。

極め付きの天下り

2006.06

強権的なやり方で新興財閥の跳梁跋扈に終止符を打ち、エネルギー産業を国家の統制下においたプーチン政権はこれを外交政策の道具として利用している。国家が資本の五〇・一％を保有するガスプロム社をとおして、ＥＵ傾斜を強めるウクライナへのガス供給を停止したり、従順なアルメニアへは安価で提供したり、ウズベキスタンのガス田開発支援を約束したり……。エネルギー安全保障の問題が重要なテーマになる七月のサンクト・ペテルブルグ・サミットを控えて、ガスプロム社のグローバル化戦略をめぐり、ロシアとＥＵの緊張が高まっている。同社はすでに欧州各国の天然ガス消費量の相当部分（ドイツ四四・九％、フランス二六・八％、イタリア二六％、ＥＵ＋トルコ、スイス二八・三％）を供給している。最近、みずから流通網を展開することを狙って英国の供給大手 Centrica 社の買収を計画したが、ブレア首相の反対（「経済愛国主義」

の発揮?)で頓挫。ガスプロム社はEUが市場のルールを尊重しないなら、中国とアメリカを優先的輸出先にするぞ、と恫喝した(四月二七日付/五月三日付)。

そのガスプロム社が資本の五一%を、残りをドイツの多国籍企業BASF社とE・ON社が出資して、北欧ガスパイプライン会社(NEGP)を作った。バルト海の底を通りロシアとドイツを直接結ぶパイプラインを建設し運営する予定の企業体である。パイプラインが通ることでエネルギーの安定確保とさまざまな経済効果・税収を期待していたポーランドとバルト三国は大反撥。

この合弁会社の監査重役会会長に就任したのが、なんと、ついこの間までドイツ首相だったG・シュレーダー! しかも社長は東独秘密警察の幹部だったM・ヴァルニッヒ。ソ連秘密警察高官としてドレスデンに駐在していたプーチンとは親しい間柄! もちろん、ドイツ国内でも批判が高まっている、と(〇五年一二月一四日/〇六年四月一日/四日付)。

もともと政治・経済は魑魅魍魎の世界なのか。それとも市場原理主義のグローバリゼーションのなせるわざなのか。

斜陽症候群？

2006.07

「フランスを愛さない者たちがいるのなら、遠慮は無用、出て行ってほしい」"Si certains n'aiment pas la France, qu'ils ne se gênent pas pour la quitter."

五月にフランス国民議会を通過し、六月初めから上院で審議されている新移民法案を正当化するためにサルコジ内相が吐いたことばである。受け身的な移民政策 immigration subie から選択的な移民政策 immigration choisie への転換を主張している。「才能と専門能力」のある者は積極的に受け入れると言うのだが、本音は、一〇年以上在留事実がある不法入国者の自動的合法化措置廃止、フランス人の配偶者である外国人、正規在留外国人の家族への滞在許可証発行の制限強化である。サルコジ氏はこれで〇七年の大統領選で保守票を獲得しようと狙っているのである。

そのサルコジに対し、反ＥＵ・国家主権護持の超保守政党「フランスのための運動」のド・ヴィリエ党首が、「きみはフランスを愛するか、出て行くかだ」La France, tu l'aimes ou tu la quittes. という自分たちの掲げるスローガンの盗用だと抗議した。「ド・ゴール空港職員にはイスラム原理主義者がはびこっている。いつテロが起こるかわからない」と煽っている人物である。

そのド・ヴィリエに対し、極右「国民戦線」ル・ペン党首が、一九八〇年代初めから自分たちが使用している「フランスを愛しなさい、さもなければ出て行きなさい」La France, aimez-la ou quittez-la ! の盗用だと抗議した。

ところがこの「国民戦線」のスローガンも実は、一九六〇年代、アメリカで流行ったAmerica, love it or leave it ! の真似なのだという。ベトナム戦争に反対する者たちに対して体制派がこのステッカーを車のリアウインドーに貼っていた。これが八〇年代のレーガン時代に復活し、フランスの「国民戦線」に伝播した（五月二四日付）。

「国を愛せ」と法律で強要するのは、国の斜陽を恐れ、国の未来に自信の持てない者たちの深層心理の表われなのかもしれない。

アフリカの中国化？

2006.08

四月末、中国の胡錦濤《こきんとう》主席がモロッコ、ナイジェリア、ケニアを、六月、温家宝《おんかほう》首相がエジプト、ガーナ、コンゴ、アンゴラ、南アフリカ、タンザニア、ウガンダを歴訪した。『ル・モンド』が社説と一般記事で（六月二四日付）取り上げている。

反帝国主義闘争、世界革命を鼓吹するためではない。いまの中国を駆り立てているのは「えげつない、シニカルな実利主義」un pragmatisme trés cru, cynique である。欧米諸国と同様、中国はアフリカの資源に垂涎している。石油、マンガン、木綿、その他の資源を買いあさっている。また、安価な"made in China"製品がアフリカ諸国に溢れている。

「西欧諸国もかつてはアフリカに対してシニシズムのチャンピオンとして振る舞った。だから中国の影響力の拡大を非難する資格に欠ける。しかしこの抗いがたい勢いで進行するアフリカの中国化が掻きたてる不安にはもっともな点がある。というのは、中国政府は自国産業の需要を満たすためのエネルギー・原料獲得の戦略を公共モラルへの配慮なしに推進しているからである。アフリカ諸国首脳の耳にいまなお快く響く反植民地主義的なレトリックを使って『内政不干渉』を外交の大原則にした。圧政的で腐敗した諸国政府がこれを歓迎するのは当然である」。EU、世界銀行、国際通貨基金等はアフリカ諸国に「民主主義、人権の尊重、腐敗のない統治」を求めているが、中国はまったくお構いなし。「腐敗した圧政的権力の犠牲となっている国民がこのような癒着から何を得ることができるか、はなはだ疑問だ。……いまや中国はアフリカの権力者にではなく国民に関心を寄せるべきである」。

ゴールデン・ウィークを利用して日本の首相もエチオピアとガーナに出向いたようだ。もうだいぶ前から巨額の政府開発援助（ODA）を供与したり、大規模なアフリカ開発会議（TICAD）を主催して豪勢な接待外交を推進したりしてきた。しかし、一党独裁の国の首脳が二人もみずから乗り込んでがむしゃらに対抗されたのでは、とてもかなわない。

したたかな国際公務員

2006.09

世界貿易機関（ＷＴＯ）の多角的貿易交渉（ドーハ・ラウンド）は、パスカル・ラミー事務局長の八面六臂の活躍にもかかわらず、七月二四日、無期限凍結と決まった（七月二六日付）。

ラミー氏はフランス人である。一九四七年生まれ。高等商業学校（ＨＥＣ）、パリ政治学院（Sciences Po）を経て、国立行政学院（ＥＮＡ）を七五年に二番で卒業した超秀才。八一年のミッテラン政権以後、経済財務省官房、首相官房勤務を経て、八五年から九四年にジャック・ドロール欧州共同体委員長の官房長、九九年から〇四年に通商担当の欧州委員を勤め上げた輝かしい経歴の持ち主。欧州委員任期満了後のポストとして国際通貨基金（ＩＭＦ）総裁あるいは欧州委員長のポストを狙ったが、六九年以来社会党員であること、また、欧州委員の立場からフランス保守政権の財政運営を批判したことがたたって、政府の後ろ盾を得られなかった。それにめげずかなり強引に立ち回って、〇五年九月、ＷＴＯ事務局長に選任された。

　年来の党員ではあっても、社会党内では「アングロ・サクソン流のリベラル」というレッテルを貼られている。フランスでは、特に左翼のあいだでは“libéral”と“anglo-saxon”という言葉は軽蔑的なニュアンスを付与されている。それに対しラミー氏は、国際公務員としての長年の経験から「国家ができることとの限界」を学んだ、と反論する。「ひじょうに高くつく、しかし効率の悪い巨大な国家」を批判する。そして「市場資本主義に欠陥はあるが、それに代わるものとしてわれわれが一五〇年間試みてきたことはすべて失敗した」ことを認め、そのうえで「資本と労働、リベラリズムとレギュラシオンのあいだの妥協」を模索する社会民主主義を模索すべきだ、と主張する（〇五年一二月二一日付）。

　自分の「キャリア・デザイン」でも、世界貿易の舵取りでもしたたかな人物と見受けられる。日本のお役人さんからもこういう人材が輩出してほしいと思うが、ないものねだりだろうか。

「戦場のアリア」はつくりもの

2006.10

銃や大砲だけでなく、戦車も飛行機も潜水艦も登場した。毒ガスも使われた。しかし、第二次大戦時の兵器と比べれば、大量破壊能力においてはまだまだ「遅れて」いた。にもかかわらず、英仏とも、四年続いた第一次大戦（一九一四―一八年）における死者のほうが六年続いた第二次大戦（一九三九―四五年）のそれよりもはるかに多いという事実が、前者の凄惨さを如実に語っている。今なら、パリから車で二、三時間の地域で戦線が膠着し、農地に幾重にも掘られた塹壕から突撃した兵士たちは、砲弾が激しく飛び交うなか、泥まみれで白兵戦を展開し殺し合った。一五年五―一〇月の英仏軍によるシャンパーニュ作戦ではフランス軍だけで三四万八〇〇〇の戦死者、その二倍以上の戦傷者を出した。一六年二月―一二月の「地獄」と言われたヴェルダン攻防戦では戦死・行方不明・捕虜はフランス軍二二万人、ドイツ軍五〇万人。一七年四月のル・シュマン・デ・ダム作戦でフランス軍は二日間で戦死者三万人、戦傷者八万人を出したのである。

この状況で脱走、反乱、戦闘拒否が続出したのは当然であろう。英国兵士では三〇六名が軍事裁判にかけられ「みせしめ」のために銃殺された。

一九九〇年以来、それら兵士の親族が名誉回復を要求してきたが左右の歴代政府、復員軍人組織、王室、保守派メディアの反対で退けられてきた。今年八月一六日、デス・ブラウン国防相の決断によって、終戦後八八年目に、ようやく、全員一括、名誉回復されることになった（『ル・モンド』〇六年八月一八日付）。

「戦場のアリア」は美しい造作物にすぎない。この夏、靖国に群れた若者たち、知っているのだろうか。一九四五年八月一五日までは、日本の上層階級の男子は、親と相談しつつ、将来、戦場には行かないで済むように、靖国に祀られるような羽目にはならないように、を基準に進学先を決めていたのであることを。

ふつうの国へ

2006.11

「対立陣営から〈タカ派〉とみなされている安倍氏は保守政治家一族の一員である。母方の祖父は岸信介。一九三二年に日本がつくった傀儡国家〈満州国〉の高級官僚、真珠湾攻撃の挙に出た東条英機内閣の商工相だった。米軍占領下、戦争犯罪人として逮捕されたが、一九四八年、冷戦が始まりつつあった状況で、日本の保守勢力を再建しようとしたアメリカの秘密諜報機関の勧告で釈放された。一九五七年から六〇年まで首相の座を占めた。ＣＩＡとつながり、米国との安全保障条約改定調印を推進したが、これは戦後最大規模の反対運動を巻き起こした」。

「安倍一族の系図には松岡洋右《ようすけ》も登場する。満鉄総裁を経て、一九四一年、ヒトラー、ムッソリーニと枢軸国条約を締結し、日本のアジア進出のために尽力した外務大臣。やはり戦争犯罪人として逮捕されたが、判決前に獄死した」。

「このような一族の遺産を安倍氏は積極的に受け容れている。米国との関係についても、一九四七年制定の平和主義憲法の改正についても、祖父の思想からつよい影響を受けていると言われている。氏は戦争責任について立場を鮮明にすることを避けている。しかし、〈自虐史観〉に染まっていると歴史教科書を糾弾し、戦争犯罪人を裁いた東京国際軍事法廷の判決に疑問を呈する国会議員グループの一員であった。戦死者たちの霊魂とともに、戦犯たちの霊魂をも祀っている靖国神社に定期的に参拝している。首相就任後については態度を明らかにしていない」。『ル・モンド』（〇六年九月二一日付）の記事の一部を訳出した。

新首相はチャーチルを尊敬しているそうだ。ナチス・ドイツとの戦争を主導したイギリスの首相と日本のアジア侵略の首謀者のひとりとを矛盾なく両立させる特殊な精神構造の持ち主が首相になりうる国。できることなら、自由と人権と平等と相互扶助の普遍的価値をイギリスやフランス、また今日のドイツと共有する、そして共産党独裁国家・中国のモデルになるような、ふつうの民主主義国になってほしいものである。

アフリカンからヒスパニックへ

2006.12

ペンタゴン（アメリカ国防総省）は、二〇〇五会計年度、イラク戦争の不人気がたたって募兵目標を達成できなかった。一九九九年以来はじめてのこと、しかも、七九年以来の不成績であった。そこで〇六年度、あらゆる手を打った。（『ル・モンド』〇六年一〇月三一日）

1 採用条件の緩和。①年齢制限を三十五歳から四十歳に、ついで四十二歳に引き上げた。②知力テストの合格ラインを下げ、英語力不足にも寛大に対処。③犯罪歴のある者も受け入れる。④健康上問題のある者も拒まない。

2 諸手当の大幅増額。①入隊手当を二倍の四万ドルに。②再役手当の最高額を六万から九万ドルに。③俸給を三・一％増額。④諸手当の新設。外国語に堪能な者に二・一万ドル。看護士課程の学生に五〇〇〇ドル。高度専門能力保持者に最高一〇万ドルまで。友人を入隊させた者に一〇〇〇ドル。

募集担当官も一〇%増の六六〇〇人にした。スペイン語を話せる担当官を増やし、学校、移民居住区域、教会を巡回させた。スペイン語のインターネットやラジオ、テレビでの宣伝にも力を注いだ。そのなかで、入隊者の親への住宅購入手当の支給も示唆した。応募者にヒスパニック系がますます増えたのは当然である。入隊者数に対するアフリカンの割合は、〇一年二三・三%から、〇五年一四・五%に下がった。ヒスパニックはこの間に二六%増加した。

一一月の中間選挙戦中、〇四年の大統領選でブッシュに敗れたケリー議員が高校生に向けたスピーチで述べた。「うんと勉強しなさい。宿題もちゃんとやりなさい。さもないと、しまいはイラクだよ」と。「我が国の兵士男女はまともな教育を受けていない者たちとほのめかすとは、恥知らずな侮辱だ」とブッシュが非難した(一一月二日付)。若いころケリーは志願して戦場に赴いた。ブッシュは親の七光りでベトナム行きをまぬがれた。

若い人たちへの質問ひとつ。ケリーとブッシュのどちらの言が真実を突いていると思いますか?

世代間の断層

2007.01

社会学者パスカル・ヴェイユ女史が『ル・モンド』の論壇頁で「世代間の断層」を論じている（〇六年一二月二日付）。

日本で言う「団塊世代」はフランスでは英語を使って「ベビーブーマー」、あるいは「六八年世代」と呼ばれる。この世代と、その子たち、つまり二十五―三十五歳の世代は思考様式においても行動においても、大きな違いがあるというのである。

経済成長の時代、団塊世代は完全雇用を享受した。その一方でヒエラルキー構造と諸権威を土台とする垂直型・男性中心の社会モデルに反逆して、自由な生活様式と性の解放を獲得した。つまり、きびしい教育を受けたが、ソフトな成人生活を送った。集合的行動によって、よりよい世界を作ることができると信じている。政治面でも「定食コース料理」（menu）型で、総合的な綱領を求める。集合的な意思決定において、活字メディアをとおしての、専門家、ジャーナリストが果たす媒介的役割を評価する。共和制の一体性と政教分離の原則のもと、長期的な努力によって、平等と社会的同化（移民を含む）が実現すると信じている。

団塊世代の世界観が近代主義的だとすれば、彼らの子どもたち、二十五―三十五歳の世代の世界観はポスト・モダン、政治でなく経済中心の世界観である。

彼らは家庭内ではじめから自立・自律。ソフトな教育を享受したが、不安定雇用とエイズに脅かされる成人生活。醒めた現実主義にもとづく水平型・男女平等の社会モデルに依拠する。政治面では「ア・ラ・カルト」型で、個別的な政策をケースバイケースで判断し、直接的・参加型民主主義を尊重する。世論形成においても、マルチメディア・同期交流型で、フィルター抜きの、個々の意見のぶつけ合い（ブログ！）を好み、少数派によるアイデンティティの主張（ブラック、イスラム）、アファーマティヴ・アクションを支持する。行動が消費者型なので種々の「投資」に対する即時的「収益」を追求する。

フランスのベビーブーマー世代に対し日本の団塊世代はどんな特徴を持っているのだろうか？

脱温暖化なら原発を！

2007.02

昨年一二月一六日、アメリカのウェスティングハウス社が、フランスのアレヴァ社を抑えて、第三世代の原子炉四基を中国に輸出する契約を獲得した。ウェスティングハウス社は〇六年はじめ東芝に買収された企業だが、貿易赤字縮小と雇用創出を狙う米政府は通商代表団を送り込むなどして全面的に支援した。中国は今後二〇年間で少なくとも三〇の原発建設を計画している。「中国の原子力発電の力強い発展は必ずや世界の原子力産業のルネサンスを招来するであろう」。中国当局者の発言である（〇六年一二月一九日付）。

ところで、世界各国から二五〇〇人の科学者を結集している国連の「気候変動に関する政府間パネル」（ＩＰＣＣ）は今年一月末の報告書で、二十一世紀末までに「地球の平均気温は二―四・五度、おそらくは三度、上昇する。海水の膨張と大陸氷河の溶解のため海面が一九―五八センチ上昇する」と警告するという。

この状況を前に、欧州委員会は、年頭の一月一〇日、原子力発電をふたたび推進するよう各国政府と欧州議会議員に提言するという。①原子力発電で欧州は長い経験を積んでいる、②原子力発電は二酸化炭素（CO_2）を排出しない、③石油・石炭・天然ガスに比して価格が安定している、④ウラン資源はよりよく分布しているので、より安定的な供給が期待できる、というのがその理由である。

天然ガス・石油が豊富なソ連とイランは、主たる収入源であるこれら資源を輸出に回すため、原子力発電に力を入れている。

グリーン・ピースなど環境保護団体は、二〇三〇年までにあらたに一五〇の原子力発電所をつくってその発電能力を五〇％増やしても、総電力の一五％にしかならないから、温暖化ガス削減にそれほど寄与しない、水力発電や風力発電をより効率化しつつ発展させるべき、と主張しているらしいが（〇六年一二月二八日付）。

温暖化阻止とエネルギー安保のためには原発を、という次第。チェルノブイリの心配は無用、ということか。

国際緊張とその政治的利用

2007.03

「北朝鮮による拉致事件はいかにも痛ましい出来事である。しかしこれを重大視する日本政府の態度には異様なものがある。頑なな態度をとり続けることで、北朝鮮の非核化のための外交交渉で袋小路に迷い込んでいる」。

「あまりにも国民感情の問題となってしまったため、いかなる政治家も、この解決を北朝鮮との一切の交渉の前提条件とするのではなく、より一般的な枠組みのなかで処理すべきであると世論に説明することができなくなってしまった。他方、国内では、拉致問題を最優先させるキャンペーンはネオ・ナショナリズムを煽るのに役立っている」。

「拉致問題は日本の防衛体制の強化と平和主義憲法の放棄を主張する者たちに論拠を提供している。北朝鮮の脅威のシンボルとされ、保守勢力のまたとない武器となっているのである」。

「問題をより広い文脈のなかに位置づけよう、あるいはその政治的利用に注意を促そうとするジャーナリストや知識人は〈反愛国主義者〉のレッテルを貼られる、それどころか右翼から身体的危害を加えられるのを怖れて、発言を控えている」。

「四半世紀以上前の出来事であるにもかかわらず、拉致問題は依然として日本のメディアのドル箱である。驚くほどの数のテレビ番組がつくられ、本が刊行され、記事が書かれている。そして新事実はほとんどないのに、国民の感情的反応を助長している」。

「総務大臣はラジオ国際放送でこの問題をもっと積極的に取り上げるようＮＨＫに命令した。この前例のない介入は激しい抗議とＮＨＫの独立性への疑問を巻き起こした」。

『ル・モンド』（〇七年一月五日付）の記事「盗まれた人生　国際緊張とその政治的利用」の一部を紹介した。筆者は「〇四年四月のイラク邦人人質事件の際、人質になった三人の若者を力強く弁護する論評を『ルモンド』に載せ日本の世論に鋭い一撃を加えた」と、間違ってとは言わないまでも、論評の主旨を矮小化して伝えられた東京支局長である。

過去の亡霊

2007.04

昨年一二月六日にローマ法王ベネディクト十六世によってワルシャワ大司教に任命されたS・ヴィエルグス猊下《げいか》はわずか一カ月後の今年一月七日、就任式になるはずの場で辞任した。共産党独裁時代、二十八歳の一九六七年以降、政治警察の協力者であった過去が暴露されたからである。後のヨハネ・パウロ二世、ヴォイティワ・クラクフ大司教を先頭に共産主義体制に対し果敢な抵抗を続けてきたポーランド・カトリック教会という神話が崩壊した。

政治警察は一九八〇年代に二万四〇〇〇人の要員を擁する大組織だったが、有形無形の便宜を提供して懐柔したり素行をたねに恫喝したりして数千人もの司祭や神学生ら教会関係者を情報提供者にした。焼却や廃棄をまぬがれ、「国民の記憶研究所」に保存されている文書が閲覧可能になった二〇〇三年以来、聖職者の暗い過去が暴かれる動きが強まった。イザコウィチ＝

ザレスキ神父が教会指導部の圧力に抗して二月末に出版した『政治警察と聖職者　クラコフ教区のケース』によると、共産主義体制下のクラコフの聖職者一三〇人のうち、三九人が協力者。そのうち四人は現役の司教である。

政治警察の手先になってしまった聖職者たちは、ある意味では被害者である。

超保守派のレフ・カチンスキが大統領、その双子の兄ヤロスワフが首相のポストを占める現政権はアメリカ追随、また主要閣僚が目まぐるしく交替するていたらくだが、共産党の旧悪追及にはきわめて熱心で、三月中に「記憶と責任」なる法案を国会に提出する、という。かつての政治警察を「犯罪機関」と定義し、そのすべての職員の氏名を公表し、公職に就くことを禁止する、また、彼らが受給している年金を最低額にするという内容である（『ル・モンド』〇七年一月九日／二月一日／二月七日／二月二七日付）。

きちんと総括しないでいると、過去はなかなか「歴史」になってくれない。亡霊となっていつまでも現在につきまとい続ける。

文化相対主義の落とし穴

2007.05

ドイツ・フランクフルトの家庭裁判所にモロッコ出身の二十六歳の移民女性が夫の暴力に耐えかねて離婚訴訟を起こしたところ、女性判事が訴えを退けた。「不服従が危惧される妻は叱責せよ。別の寝床に追いやれ。ぶて」という『コーラン』の一節（四章三八）を引用し、イスラム教では「妻を罰する権利」が認められている、と裁定を根拠づけた。女性の弁護士の抗議に対して、「この夫婦の文化環境においては男性が妻を罰する権利を行使するのは稀なことではない」と回答した。

マスコミがこれを伝えて、政党、女性団体、イスラム教徒団体を巻き込む騒ぎになった。法務大臣は「特殊なケース」と述べたが、より一般的な傾向の現われと見る向きもある。「名誉殺人（crime d'honneur）」に対する刑が軽くなる傾向がある、という。交友関係を理由にトルコ系の若い女性が兄に頭に三発撃ち込まれて殺されたが、兄は九年三カ月の「寛大すぎる刑」を言いわたされた（〇六年）。離婚を求めた妻を短刀で四八回刺して殺したクルド人男性が「出身地域固有の価値観」ゆえに動機の卑劣さを自覚できなかったという理由で単純殺人罪で裁かれたこともあった（〇四年）。

「今回のフランクフルトのスキャンダルは、文化相対主義がどんなに危険なものであるか、ドイツに暮らすものは基本法（憲法）を尊重しなければならないことを示すことによって、移民統合の問題の論点を明らかにした」と、ある国会議員が総括した（〇七年三月二四日付）。

実はこの問題、ドイツに限らない。移民受け入れ大国カナダ・オンタリオ州でも、家庭内紛争をカナダの一般法でなく、イスラム聖法《シャリーア》に準拠して調停する特別法廷の設置を認めようとする動きがあったし（〇五年一〇月二二日付）、「信教の自由」の名のもとに一夫多妻の合法化を要求する動きもある（〇六年二月一一日付）。

十八世紀啓蒙時代のたたかいをとおして確立された「トレランス（tolérance）」という、自由と人権の土台になっている原理と、なんでも認めるのをよしとする「寛容」とを区別する必要があるようだ。

多様性か特殊性か

2007.06

四月二二日におこなわれたフランス大統領選第一回投票の候補者一二人のうち三人はトロツキストだった。いずれも、国会・地方議会の議員、地方自治体首長等の五〇〇人の署名を集めるという厳しい条件をクリアして候補者になったのだ。

「労働者党」le Parti des travailleurs（PT）が支持した、もと石大工で、南西部オード県の人口四〇〇人弱の寒村の村長G・シヴァルディは得票率〇・三四%（約一二万票）と泡沫候補的結果。「労働者の闘争」Lutte ouvrière（LO）の女性候補A・ラギエールは一・三四%（約四九万票）だったが、これは六回目の立候補で飽きられたのと、前回二〇〇二年に極右ル・ペンが第二回投票に進出した椿事を避けるために左翼票がはじめから社会党候補に投じられたから。ラギエールは前回は五・七二%（約一六三万票）を獲得している。「革命的共産主義同盟」Ligue Communiste

Révolutionnaire（LCR）のO・ブザンスノは三十三歳の、歴史学修士号を持つ、郵便配達夫。四・一一％（一四九万票）を獲得した（前回は四・二五％）。三人合わせると五・七九％（前回は一〇・四四％）。

PTは公称党員六〇〇〇人程度の群小政党。LOは工場内新聞を発行して劣悪な労働条件を告発するなど現場の労働者への扇動宣伝活動を重視している。国際的なつながりは弱い。トロツキスト派の国際組織「第四インター統一書記局」につながるLCRは一九六八年の五月革命以来の「伝統」もあり、学生と、比較的高学歴の不安定就労層に党員・支持者が多い。

二〇〇二年までの首相ジョスパンがPTの党員であることを隠して社会党第一書記にまでのし上がったことが二〇〇一年に暴露されスキャンダルになったが、LCRの現・元党員は教育者研究者に多い。ジャーナリストにも元党員がかなりいる。『ル・モンド』の前編集局長E・プルネルがそうだ。社会党幹部にも多い。S・ロワイヤルの選対本部で活躍した副党首F・レブサマン、J・ドレなど、枚挙に遑《いとま》がない。十人十色、各人各様の個人主義国フランスらしい多様性の徴候か。それとも特殊フランス的な現象か。

華麗なる亡命者たち

2007.07

一九六〇年のデビュー以来、いまだにフランスのロック界に君臨するジョニー・アリデーの〇六年度の推定年収は八七五万ユーロ（約一四億円）。その約七二％は税金で取り上げられる。これではたまらんと、〇六年末、スイスに移住した。ほんとうは、父親の祖国ということで、まず、ベルギー国籍を取得し、その二年後にタックスヘイブンのモナコ公国に移住するのをねらっているとのこと。

アリデーは今回の大統領選挙ではサルコジ氏を支援。サルコジ氏は「こんなにも多くのアーティスト、クリエーター、研究者が出て行ってしまう。そういう国には問題がある」と理解を示した。そして個人課税の上限の引き下げを公約した。現行制度では所得税・富裕税・地方税を合わせて収入の六〇％という上限を五〇％に引き下げ、さらに、二種の社会保障分担税を課税額に含めて計算するというのだ。

富裕税を課せられている者は〇六年、四五万人。これを嫌って「亡命」した者、同年、六四九人。国庫にとって七〇億ユーロの減収になった。今後一〇年間に、五〇万人の経営者が引退すると見込まれるが、この人々をフランスに引き留めることを目的とした措置だという。

ベルギーには現在、三〇〇〇―四〇〇〇世帯のフランス人が「亡命」している。ベルギーには富裕税がない。譲渡益・不動産・動産は課税されないか、されても低率なのである。フランス人「亡命者」たちは高級住宅に住み、優雅な暮らしを楽しんでいる。自分たちのコミュニティを築き上げ、その新聞まで発行している。しかも、パリまでＴＧＶ（新幹線）で八〇分！

「階級闘争、無秩序、税金《タックス》と法律《テクスト》。わたしは、これから、逃げたのです」。ある女性作家が述べた言葉である。『ル・モンド』のルポルタージュ（五月二四付）によると、新政権下のフランスに戻る、と答えた人は、ひとりも、いなかった！

かつて、ナポレオン三世の圧政を糾弾してブリュッセルに亡命した自由と民主主義の詩人ヴィクトル・ユゴーを思い起こすこととしきり。

社会の木鐸

2007.08

『ル・モンド』という新聞は特殊な新聞である。特殊性の第一は、発行部数はたかだか四十数万部にすぎないのに、quotidien de référenceと自他ともに許していること。逐語訳すると「基準日刊紙」あるいは「参照日刊紙」。つまり、内外の政治・経済・社会・文化（含スポーツ）の話題について人々が情報を得、おのれの判断をまとめるに際して、「参照」しないわけにいかない新聞、ということである。フランスという国は『ル・モンド』を読む一〇〇万―一五〇〇万の人々と「それ以外の」人々に分かれる。

もうひとつの特殊性は、創業者一族、元・現社員の組合がル・モンド・グループの株式の五二％を、特に現役記者会（三四〇人）が二二％を所有している（監査重役会の決定を阻止できる％）、さらに、業務執行委員会長（＝社長）の選任に際して、現役記者会が拒否権を持っている、ということである。

一九九四年以来一三年間、業務執行委員会長を務めてきたJ－M・コロンバニが、五月末、記者会によって三選を拒否され辞任に追い込まれた。政財界に持つ広い人脈を活かして、外部資本を積極的に導入し、地方紙、TV番組誌、その他の定期刊行物を次々に買収することによって、『ル・モンド』単体の企業を一大メディア・グループに築き上げた経営がかえって財務体質を脆弱化したこと、強引なワンマン経営ぶりが不信任された。まだ五十九歳だが、一三年間のあとさらに六年間は長すぎると思われたこともある。

一九九四年以来、グループの監査重役会会長として、コロンバニと二人三脚で拡大路線を主導してきた、思想家を自負する経済人アラン・マンクも、派手な財界活動、メディアへの露出、特に大統領選でサルコジ候補に肩入れしたことなどが、『ル・モンド』のモットーである「あらゆる権力からの独立」をおびやかすとして記者会から辞任を迫られたが、当面、居座っている（七月四日付）。

日本の新聞は一連の経過を「内紛」と伝えたが、むしろ、真の意味での「社会の木鐸」のあるべき態様を示している、と言えるかもしれない。

ハリポタを原文で

2007.09

『ハリー・ポッター』最終編の第七巻、"Harry Potter and the Deathly Hallows"がロンドン時間の七月二一日午前〇時に発売された。『ル・モンド』はこの「事件」を一面トップのひとこま風刺漫画で扱い、一五頁目のほぼ全面をこの話題についやし、さらに"Potter dans le texte"「ポッターを原文で」と題する社説で論じた（七月二二／二三日付）。英語原書のフランスでの売れ行きに目を見張っているのである。

二〇〇三年に発行された第五巻は一五万四〇〇〇部、二〇〇五年の第六巻は一六万二六〇〇部売れた。今回の第六巻は二〇万を突破するだろうという。七月二一日の午前一時（ロンドンとは一時間の時差あり）、パリのスミス書店の前には大勢のファンが押しかけ、短時間で数千部がさばけた。

「ヒロイック・ファンタジー」という、いかにもアングロサクソン的なジャンルの物語がフランスの児童文学の古典的大家ヴィクトル・ユゴーやアレクサンドル・デュマ、ジュール・ヴェルヌらの作品に取って代わってしまうのを嘆く声はもちろんある。趣味のグローバル的画一化という批判、他のそれなりにすぐれた作品を排除してしまうという危惧ももちろんある。しかし学校教員は積極的に評価している。ハリポタを読んで、読書のたのしみに目覚めた生徒がたくさんいる。仏訳がでるのを待ちきれずに、英語を熱心に勉強するようになった生徒も少なくない。英語の教師は、語彙を増やしたり想像力を刺激するために、ハリポタの抜粋を授業の中で使用している、と。

　日本の新聞では、ロンドンの書店前で発売を待つ人々の写真はそれなりに大きかったが、記事は三五行ときわめて短い。「完結編発売　世界が興奮」というタイトルだが、「東京・丸の内の大型書店には三〇人ほどが並んだ」。

　ハリポタを原書で読める若者は日本には多くない？　第六巻までの英語版は何部売れたのだろうか。ハリポタ「完結編発売」に「興奮」する「世界」の中に日本は入っていない。日本の若者の英語力が高まらないかぎり、いつまでたっても、国際的孤立から脱却できない。

ドイツの重み

2007.10

欧州連合第一の大国ドイツのメルケル首相が八月二九―三一日来日した。日本の首相との会談の記事はわたしの見ている新聞では、四面に三段で四五行。見出しは「日独、ポスト京都で協力」。「国際」面に載っていた四段五四行の「米議員トイレ・スキャンダル　隣の個室のぞき性的サイン送る」と題する記事より短い。京都入りを伝えた記事の見出しも「温暖化防止、京都で訴え　独首相、日本の技術に期待」。二日前の社説のタイトルも「独首相来日　温暖化防止を学ぶ機会に」。去年今年とライス米国務長官を押しのけて、『フォーブス』誌から「世界でもっとも力のある女性」と評価された大政治家が、まるで環境保護運動のおばちゃん活動家であるかのような扱いである。

メルケル政権が任期半ばを迎えようとしているこの時期、八月二四日付『ル・モンド』は一面トップに首相の大きな写真を掲げ、八面の半分、そして「ドイツのルネッサンス」と題する社説をついやしてドイツの現状を論評した。大連立を構成するキリスト教民主同盟と社会民主党に対する世論の支持率はそれぞれ三八％、二八％と低いのに、首相への支持率は七五％以上。EUやG8の議長としての沈着な指導力、米国やロシア、中国に対する毅然とした姿勢が評価されている。また、輸出の好調、内需の増大に支えられて二・五％を越えるだろう経済の年間成長率、したがって一五年来最低の数字になるだろう失業率、取り戻すだろう国家財政の均衡という予測もプラスに作用している。もちろん二年後の総選挙が近づくにつれて、労働市場の規制緩和を求める経済界の利害を代弁するキリスト教民主同盟と最低賃金制の導入、賃上げを要求する労組や左翼批判勢力の圧力を受ける社会民主党の対立が激化すると予想されるから、首相の舵取りはむずかしくなる。しかしメルケル首相の「ドイツのルネッサンスはフランスと欧州連合のルネッサンスを牽引する強力なエンジンである」というのが社説の結論である。

ドイツに「学ぶ」ことはたくさんある。

中国の重み

2007.11

『ル・モンド』のD・ヴェルネ記者が最近の国際関係のなかでの中国の役割を論じている（一〇月三日付）。

「ミャンマーの危機は中国にとってテストケースである。オリンピックを間近に控えて厄介な選択を迫られている。他国の内政不干渉という例の原則を振りかざし続けるか、それとも、年来支援してきている軍事政権を非難するか。前者の場合は、人権を軽視していると批判される。後者の場合は、従来の事なかれ主義と縁を切ることになる。軍部に慎重な対応を求める、あるいは、デモはミャンマーの内政問題であり、地域の安定を脅かすものではないと主張するだけでは済まされない。現在の国際体制のなかで台頭しつつある大国としての在り方が問われているのだ。改革と経済発展の道を歩み始めて以来、中国は国内問題を優先させて、国際問題解決の責任を担うことは避けてきた。……このような自制はどうやら過去のものとなった。中国はいまや国連の平和維持活動に参加するなどして国際問題に積極的に関与する姿勢を見せている。すでにレバノンの国連暫定駐留軍に部隊を派遣している。スーダン政府との緊密な関係にもかかわらず、ダルフール問題への国連の介入に関する従来の否定的な態度を捨てた」。

二〇〇三年以来、東アフリカ・スーダン西部のダルフール地方で続いている凄惨な民族紛争を終結させるため、国連は二万六〇〇〇人の平和維持部隊を派遣することになっている。非アラブ人殺戮の責任を問われているスーダン政府を支持してきた中国は、九月中旬、国連の活動に参加させる予定の精鋭部隊をマスコミに公開して話題になった（九月二〇日付）。

中国は「普通の」国ではない。しかしその軍隊は「普通の」軍隊だ。必要となれば、当然、武力を行使する。日本は「普通の」国であるが、その軍隊は「普通の」軍隊ではない。国連の平和維持活動に参加できない。国連を中心にした世界連邦を夢見ている気配のある日本国民。これからどうするつもりなのだろうか。

夏のイチゴと冬のイチゴ

2007.12

スーパーに並ぶイチゴ。夏と冬では生産に必要な炭素量が異なる。今後、すべての商品にその値段とともに消費炭素量（いわば「環境価格」）の表示を義務づけたらどうか。一〇月二四・二五日、パリで開催された「環境国民会議」le Grenelle de l'environnement で、こんな提案がなされた。

七月に、気候、生物多様性、健康、持続可能な生産と消費、環境民主主義（環境保全推進のため公的機関を改革）、環境保全と雇用・競争力の六つの作業部会がつくられた。各部会の定員は五〇人。政府、地方自治体、経営者団体、労組、そして環境ＮＧＯがそれぞれ一〇人ずつの委員を送り込んだ。九月二七日、作業部会は数十の提案を政府に提出。これに関して一〇月五日から一九日にかけて一五都市で公開討論会を開く一方、インターネットをつうじて、広く一般市民の意見を募った。このような準備段階を経て二日間にわたり開催された会議である。

一〇月二五日、サルコジ大統領は、バローゾEU委員長、環境分野での功績でノーベル平和賞を受賞したワンガリ・マータイ（〇四年、ケニア）、アル・ゴア（〇七年）の三人に囲まれて、大統領官邸エリゼー宮で総括演説をおこなった。今回の会議を「フランス、欧州、世界における環境ニューディール政策の起点」と位置づけ、「われわれの考え方、政策、目標において環境革命」を起こすことを訴えつつ、高速道路建設の停止、高速鉄道網の延伸、低公害車の普及促進、新築・既築建物の断熱化、再生可能エネルギーの開発、遺伝子操作作物栽培の中止、殺虫剤使用制限、バイオ農地の拡張、大気清浄化などの提案を受け容れ、年末までに行動計画を法案化すること、〇八年前半には環境基本法案を作成することを公約した。

サルコジ一流の人気取りパフォーマンス、と言うのはやさしい。しかし、日本の首相がこのようなイニシアティヴをとることがありうると考える国民がひとりでもいるだろうか。経団連が環境NGOと一堂に会し、対等に討論することに同意するだろうか。このような会議に有能な代表を送りうる環境NGOが存在するだろうか。

イタリア人、ルーマニア人、そして……

2008.01

一〇月三〇日、ローマ北郊の町でルーマニア出身のロマ（俗称ジプシー）青年が若いイタリア人女性を殺害した。排外感情で世論が沸騰。一一月二日、中道左派プロディ政権は外国人国外退去を簡略化する政令を制定。特に北部の自治体によるルーマニア人の退去処分が続発。当然のことながらイタリア・ルーマニア間の関係は険悪化（『ル・モンド』一一月四／五日付）。

言語が同じラテン語起原という親近性もあって、イタリアにはルーマニア人移民が五六万人。うち一〇万人は昨年一月ルーマニアがＥＵに加盟してからの移入者で、都市周辺のスラム街に居住している。ローマ市長は、同市の犯罪の四分の三はルーマニア人の所業であると断じた。事実、警察によると、ローマ市とその周辺の今年はじめからの逮捕者一万五〇〇〇人のうち、外国人は七三〇〇人。うち六〇〇〇人がルーマニア人。内務大臣によると、昨年一月から七月までの二万九〇〇〇件の窃盗事件のうち、ルーマニア人によるものが一万一〇〇〇件（一一月一四日付）。

ところでルーマニアはイタリアにとって最大の経済的パートナーである。

ルーマニアには二万二〇〇〇のイタリア企業が進出している（一一月二九日付）。今後も毎年一〇〇〇社の進出が予測されている。毎日五〇〇〇人のイタリア人が飛来している。特に、西部のティミショアラ市とその周辺には一万二〇〇〇人のイタリア人が居住し、二〇〇〇社が活動している。ティミショアラ空港だけで一日二〇便がイタリア各都市と結んでいる。原子力発電所や高速道路の建設を請け負っている大企業もある。約三〇万ヘクタールの農地（全農地の二％）をイタリア人が所有し、超近代的農業経営をおこなっている。

現地イタリア企業は一三万人のルーマニア人を雇用しているが、外国への流出による労働力不足に悩まされている。東部バコー市のイタリア服飾会社では、三〇〇人の……中国人女性が働いている！

すべて、ＥＵの拡大と深化が進み、カネとモノとヒトの移動が自由になったからこその問題である。

EUはよい、でも高くつくなあ！

2008.02

フランスで、今年一月一日から、カフェ、レストラン、ディスコ、カジノが全面禁煙になったことは日本のメディアも報じた。でも、賛成派、反対派の声をちょこっと伝えておしまい。なかには、またしてもフランス、珍奇なことをやってるなと揶揄的な調子のものもあった。

しかしイタリア、スコットランド、アイルランドでは、これらの場所は一年半も前から禁煙。ドイツやスペインもおなじ方向で推移している。

フランスの場合、公共の場所で全面禁煙の政令が制定されたのは二〇〇六年一一月一日。いきなり公共の空間すべては酷、というわけで、二〇〇七年二月一日、まず行政機関、民間企業に適用された。このステップを経て、今回、全国約二〇万の「共歓（convivialité）の場所」に拡大適用されたのである。

イタリア、アイルランドの先例から見ても、ただでさえ低落傾向のカフェ、ディスコの業績の悪化は避けがたいと予測されているが、〇七年七月の調査では、非喫煙者の八三％、喫煙者の七二％が全面禁止に賛成している。これまで受動喫煙（tabagisme passif）に関係する死者が五〇〇〇人いた。受動喫煙による心筋梗塞の件数が、イタリアは一一％、スコットランドは一四％、アイルランドは一五％減っている先例から、フランスでも国民の健康へのプラスの効果が期待されている。

カフェ、ホテルなど換気装置を備えた喫煙室を設置することはできるが、従業員は出入りできない。カフェの屋外テラスは喫煙可だが、いまや、タバコを吸えるのは公共空間では路上のみ。

警察官、労働基準監督官、保健所医師が違反者に罰金調書を発行する。罰金は六八ユーロ。納入しないと四五〇ユーロに増額。施設の所有者は一三五ユーロ。意図的な違反は七五九ユーロ（『ル・モンド』〇七年一二月三〇／三一日付）。

はじめに述べたように、特殊フランスの事例ではない。ノルマンディ地方の農民喫煙者がぼやいたという。「まるで独裁体制下だよ。欧州統合はよい、でも高くつくなあ！」と（〇八年一月三日付）。

「二〇〇八年は一九二九年ではない」(?)

2008.03

二〇〇三年にベストセラー*La France qui tombe*『落ちるフランス』でフランスの凋落ぶりを記述してdéclinisme「没落主義」とかdéclinologie「没落学」という新語が生まれるきっかけをつくったニコラ・バヴレーズ（一九六一年生まれ）はエコル・ノルマル、国立行政学院出身、元高級官僚の超エリート。ネオ・リベラリズム派を代表する経済学者、歴史家として名を馳せている。

そのバヴレーズが一月九日付『ル・モンド』に寄稿した「二〇〇八年は一九二九年ではない」と題する論評で世界経済を展望している。

サブプライム問題に端を発した危機は多角的でグローバル、また構造的かつ持続的。二〇〇八年はそのショックをまともに受け、銀行の貸し渋り、リスク費用の高騰、米国はもちろん英国、スペインの不動産価格の下落、企業と世帯の連鎖的破産、世界総生産・先進諸国の国内総生産の大幅な低落に見舞われるだろう。

だが、二〇〇八年は大恐慌の一九二九年とはちがう。経済の重心が北から南に移動しつつある。新興国（ブラジル、ロシア、インド、中国など）が労働、生産の分野で牽引力を発揮している。今後は内需拡大の方向に向かうであろうし、すでに始まっているが、潤沢な貿易黒字を世界金融システムの再保険に振り向けるであろう。さらに、先進諸国とEUの中央銀行も銀行流動性規制と金利引き下げを中心にした協調行動をとるだろう。

「没落主義者」にしては楽観的なご託宣だが、その舌の根の乾かぬうちに、「世界株式市場、危機に突入」「新興国もサブプライムに抵抗不能」などという見出しが『ル・モンド』の紙面に踊る事態になった（一月二三日付）。二月九日に東京で開催されたG7もなんの「協調行動」も打ち出せぬままに終わった（二月一〇／一一日付）。

経済はもっとも人間的な営み。それを論じるとなれば「幾何学の精神」はもちろんだが、それにもまして「繊細の精神」が必要なのでは。東谷暁氏の『エコノミストは信用できるか』（文春新書）はフランスのエコノミストにも妥当するようだ。

書かれたものの力

2008.04

一般に欧米の新聞や週刊誌の書評文化は質量ともに充実している。日本のそれとは比較にならない。「西洋かぶれ」「外国崇拝」と言われそうだが、事実を事実として認めないのは精神分析で言う「否定」dénégation。心奥に抑圧された劣等感の裏返しである。

金曜日発行の『ル・モンド』には一〇ないし一二頁の書評別冊が付いている。これも日本とちがって、広告がほとんど載ってないから読みでがある、というか、読むのがたいへんである。

二月二二日付別冊の第一面は車輪や砲身を担いで狭い橋を渡る一群の兵士の「一九三八年の日本」という大きな写真に重ねて Shôhei Ôoka Le Japonais qui a défait la guerre「大岡昇平　戦争を解体した（に打ち勝った）日本人」という見出し。さらに「日本の大作家の名高い抑留記ようやく仏訳」とある。予告された三頁目を開くと、紙面三分の二をついやして『俘虜記』を論評している。

『武蔵野夫人』『野火』『花影』はすでに仏訳されているが、イタリア文学、日本文学に詳しい作家ルネ・ド・セカティが「戦争の悲惨に対する、また原爆による破滅にいたる盲進に対する激しい批判精神を抱く洗練された知識人」兵士が「その知性と寛容と誠実と観察力を堕落と憎悪に抵抗する武器として生き抜いた証言」を、ときにはステファン・クレイン（『赤い勇猛記章』）やヴェルコール（『海の沈黙』）を想起させると述べつつ、ひとつの「古典」と位置づけている。

『俘虜記』が雑誌に掲載されたのは一九四八―五一年。六〇年前のことである。それが時間と空間を越えて異国の読者の心の琴線に触れる。書かれたものの持つ力の不思議を痛感する。

と同時に、「広島市民とても私と同じく身から出た錆で死ぬのである」、（捕虜の日本兵が敗戦を知った）「八月一一日から一四日まで四日間に、無意味に死んだ人達の霊にかけても、天皇の存在は有害である」という、雄勁な知性が収容所で抱いた感想が胸に重く迫ってくる。

Yasukuni

2008.05

中国の共産党独裁政権がチベットの人々の民族自決権を蹂躙し、自国民の人権を抑圧していることが先進民主主義諸国できびしく批判されるとすれば、日本における表現の自由の侵害がこれらの国で話題にならないはずがない。

『ル・モンド』四月四日付を開いて、三頁目の紙面ほぼ四分の一を占める大きなカラー写真に目を剥いた。

「なんだ、これは！」

神殿と鳥居を背景に特攻隊の軍服に身を固めた老人が直立不動の姿勢で正面からこちらに敬礼している。サスペンダーには「〇〇少尉」と読める白い布片が縫いつけてある。二万人を超すと言われているパリ在住日本人はさぞかし恥ずかしい思いをさせられたことだろう。

Au Japon, on ne badine pas avec la patrie.「日本では祖国を軽《かろ》んじてはいけない」という見出し。中国人監督が撮ったドキュメンタリー映画「靖国 Yasukuni」の上映中止を決めた「映画館はいずれも極右グループ（その大部分は la pègre と結びついている）の示威行動の標的になることを怖れているのである」。「極右グループは、強力な拡声器を備え、ハリネズミのように旗を林立させた黒いトラックから呪いのことばを喚き散らして、映画館にデシベル攻撃を加える。表現の自由を盾に警察はほとんど取り締まらない」。

pègre は「暴力団」「ヤクザ」にあてられる単語で maffia に近い。実は yakuza もいまやフランス語のボキャブラリーに入っていて、hara-kiri, kamikaze などとともに、日本語・日本文化の国際的貢献の例証として *Le nouveau Petit Robert* 辞典にも載っている。

『ル・モンド』の記事はさらに「民主主義の基本的自由権のひとつの侵害」は映画「靖国」の事件にとどまらないとして、卒業式で国家斉唱を拒否して処罰された教員たちの訴訟事件や大江健三郎著『沖縄ノート』の集団自決の記述をめぐる裁判を詳しく報告している。

外から見ると日本はやはり「ふつうの国」ではないのだろうか。居心地の悪い話だ。

墜ちた偶像

2008.06

一九八一年から八年間大統領だったロナルド・レーガン、一九八七年そのレーガンに任命されてから、実に一八年間あまり連邦準備制度理事会議長を務めたアラン・グリーンスパンはこの二〇年間アメリカの政治・経済にとってヒーローだった。市場と企業家こそが最良のレギュレーターという信念のもと、①金融市場に対する最大限の支援、②徹底した規制緩和、③融資の拡大による個人消費の増大を柱とする政策を推進し、長期にわたる繁栄を実現した、と称えられた。

だが、サブプライム問題が表面化して以来、経済見通しに対する国民の信頼は失われた（四月調査で二九・五％）。消費は冷え込み、失業率が上昇。二〇〇万世帯が住居差し押さえに怯えている。

批判が続出するのは容易に理解できる。ビル・ゲイツは公教育の荒廃を嘆き、このままでは米国の科学者と技術者の数と水準に重大な影響が出る、と警告する。二人の民主党大統領候補は競って医療保障と高等教育へのアクセス支援を訴える。レギュラシオンの強化と連邦政府の大胆な投資を説く経済学者が増えている。

特に交通運輸のインフラが劣悪化している。大都市周辺の交通は渋滞をきわめ、崩壊のおそれのある橋が八〇〇ある。道路網の管理もおざなり。鉄道網老朽化も進んでいる。航空産業だが、一九八五—九八年のあいだアメリカン・エアラインズの社長だったR・グランダルによると、政府の介入がないかぎり今の窮状を脱することはできない。レキシントン研究所のL・トムソンによると、四半期毎の業績にばかり注目する投資家のプレッシャーにさらされている私企業は長期的投資ができない。そのようなシステムでは国家によるレギュラシオンと投資がなければ産業基盤は脆弱化するのみ。

でも、現フランス大統領はアメリカの経済モデルの「ダイナミズム」を賞讃しているが、と言うとトムソン氏いわく「パーティの最後、最初の客が帰りはじめたころ駆けつける人もいますからね」。

『ル・モンド』のニューヨーク駐在記者S・シペルの分析の要旨を紹介した。

フランサフリック

2008.07

フランスの大規模金融犯罪取締中央局という機関がフランスと縁の深いアフリカ五カ国の国家元首とその一族がフランス国内に所有している資産を調査した。

ガボン共和国を四〇年前から支配するオマール・ボンゴ大統領。五月下旬、横浜で開催された第四回アフリカ開発会議で来日した四〇人の首脳のトップバッターとして福田康夫首相と握手する写真が新聞の紙面を飾っていた。

そのボンゴ氏と一族は、フランスに合計三三の不動産を所有している。ボンゴ氏名義の物件は一七。パリの超高級住宅地区フォッシュ大通りの八八 m^2、二一〇 m^2 のマンション、やはり十六区の二一九 m^2 のマンションを含む。南仏のニースには一七〇 m^2 と一〇〇 m^2 のマンション、六万 m^2 の土地付き、プール付きを含む三件の邸宅を所有している。息子で防衛大臣のアリ・ボンゴ氏はやはりフォッシュ大通りにマンションを、エディット夫人はエッフェル塔近くに広大な邸宅を二つ所有。〇七年六月には、夫人と二人の息子（十三歳と十六歳）の名義でパリ八区に約一八〇〇万ユーロ（約三〇億円）の豪奢な邸宅を取得した。

一九九七年からコンゴ共和国を牛耳るサス・ンゲソ大統領とその一族が所有する物件は一八。パリ西郊の高級住宅都市ル・ヴェジネの四八五 m²の邸宅、〇七年に夫人が二四七万ユーロでパリ十七区に取得した九室のマンション、〇五年に息子が一六〇万ユーロで取得した一〇室のマンション、〇六年に末娘が三一五万ユーロでヌイイ市に取得した屋内プール付き七室の邸宅などである。

脱植民地化による独立後も続く、かつての宗主国フランス政府とアフリカ諸国支配層との癒着関係を Françafrique「フランサフリック」、あるいは Afrique de Papa「パパのアフリカ」と言う。この関係を断ち切る意図でサルコジ大統領が命じた調査だったが、ボンゴ氏をはじめとする元首たちの猛烈な抗議にさらされて、沙汰止みになってしまった。

『ル・モンド』（〇八年二月一日付）の記事を要約紹介した。

六年四カ月九日

2008.08

南米大陸北西のコロンビア共和国で、二〇〇二年二月二三日以来、反体制ゲリラ組織、コロンビア革命軍FARCの人質になっていたイングリッド・ベタンクール夫人が、去る七月二日、六年四カ月九日ぶりに、コロンビア軍によって救出された。『ル・モンド』は七月四日付で五頁、五日付で二頁、六／七日付で五頁を費やして、この出来事を報道し分析した。テレビ（インターネットで視聴できる）の騒ぎもすごかった。パリやモントリオールを含む欧州・北米の二四八の自治体が夫人を「名誉市民」に任命し、支援活動を展開してきた。フランスでは教会の鐘を鳴らして祝福した村もあったという。

一九六一年、文部大臣、ユネスコ駐在大使を務めた教養人を父に、元ミス・コロンビア、上院議員も務めた社会活動家を母に生まれた彼女はパリ政治学院で学び、フランス人の外交官と結婚し二児をもうけた。フランス国籍も獲得したが、祖国への思いやみがたく、離婚して九〇年に帰国。財務省を経て政界に進出。九八年にはエコロジスト政党「緑の酸素」を立ち上げ上院議員になり、汚職のはびこる政界の浄化を訴えた。二〇〇二年の大統領選に立候補。選挙戦さなかにFARCによって拉致されたのである。

フランスのシラク、サルコジ両大統領はFARCとの裏取引をも試みる一方、コロンビア政府には交渉による解決を求めて圧力をかけ続けたが、ウリベ大統領はこれを一貫して拒否。アメリカからヘリコプター、戦闘機、最新の探知装置の提供、特殊部隊による訓練を受けさせて軍を近代化し、ひたすらFARC殲滅路線を追求し、成果を挙げたのであった。

コロンビアの国土は日本の約三倍、人口は約三三〇〇万人。FARCは、人質の身代金と生産量世界一のコカイン密売を資金源とする、しかしマフィアとかギャングではなく、一万―二万の農民（そのうち三分の一は女性）から成る、マルクス・レーニン主義を標榜する、れっきとした（?）革命軍事組織なのだという。殲滅すれば問題解決とはいかない複雑な現実があるようだ。

ゴーン神話の終焉？

2008.09

今年三月号で紹介したフランスでは著名な経済学者バヴレーズ氏のご託宣によると進行中の経済危機は一九三〇年代の大不況以来もっとも深刻なものになる（『ル・モンド』八月三／四日付）。その「不況にゴーン氏つかまる」（七月二五日付記事の見出し）。

二〇〇五年四月、日産から親会社ルノーに乗り込んだカルロス・ゴーン氏は、大胆かつ具体的な目標を掲げて従業員の士気を鼓舞し、人心を収攬《しゅうらん》するという得意の方法（「日産ルネサンス」）を使って、〇六年二月、「ルノー・コミットメント二〇〇九」なる計画を打ち出した。①〇五年に二五〇万台だった販売台数を、〇九年以降は八〇万台増の三三〇万台にする。②〇九年以降、売上高に対する営業利益率（オペレーショナル・マージン）を六％にする、という内容であった。

鉄鋼をはじめとする原材料と石油の値上がり、通貨の不均衡、金融危機、インフレ、消費意欲の低下など世界的状況の影響は、トヨタなど他のメーカーにも及んでいるし、アメリカのGMにいたっては倒産の可能性さえ話題になっている（七月九日付）のだから、ルノーが無傷でいられるはずがない。七月二四日、〇八年前半期の業績報告の記者会見で、ゴーン氏はコミットメント計画の下方修正を発表した。①欧州地区で五〇〇〇人の人員削減。これによって一〇％の構造コスト削減。②〇九年の目標販売台数を三〇〇万台に修正。③オペレーショナル・マージン六％の目標は変えない。

〇八年前半期の販売台数一三〇万台、売上高四・三％増、と実績はかならずしも悪くないのに人員削減、それなのに利益率目標は不変、という方針に、世論の反応を怖れた大統領府が前日ゴーン氏を呼びつけ、内容変更を迫ったが、ゴーン氏はたじろがなかった（週刊紙『ル・カナール・アンシェネ』七月三〇日付）。

「コストカッター」の異名にふさわしい対応か。日本では「経営の神様」と持ち上げる向きがあるばかりか、人間いかに生きるべきかについてのゴーン氏のお説教を毎週載せている新聞さえある。おめでたさ窮まれりと言うべきか。

「進め悠久大義の道」？

2008.10

八月一八日、アフガニスタン東部コストの米軍基地をタリバンが攻撃した。それと同時進行で、首都カブール東五〇キロの丘陵地帯サルービでフランス軍がタリバンの待ち伏せ攻撃に遭い、兵士一〇人が殺され、二一人が負傷した。明らかに、（イギリスからの）独立八十九周年記念日に合わせた、象徴的効果を狙った軍事行動である（『ル・モンド』八月二一日付）。

四〇カ国、五万三〇〇〇人の軍隊が侵攻し「不朽の自由」（Enduring Freedom）作戦とやらを推進しているにもかかわらず、平和はいっこうに回復しない。外国軍の戦死者は〇七年、二三二人だったが、今年はすでに一八三人。軍事面での挫折、再建支援活動との連携の欠如、カルザイ政権の無能と腐敗、「麻薬国家」化への傾斜……アメリカとＮＡＴＯ軍は今年で七年目の泥沼にはまり込んでいる。

特に今年に入ってからの治安の悪化ははなはだしく、六月には外国人実業家や人道主義活動家の拉致事件が相次ぎ、八月一三日にはNGO国際救援委員会の活動家三人がIRCのロゴを付けた車で移動中に襲撃され殺された。一八日、国連とEUは現地の全職員に禁足命令を出した。普段はそれほど神経質でないNGOも同様の措置をとっていた。「大きな不安が外国人社会を覆っています」とカブール駐在フランス大使館員も認めていた（八月二三日付）。

八月二六日、日本のNGO活動家が拉致され殺された。わたしが見ている新聞の社説の見出しは「青年の志を無にしない」。一面コラムの結びは「夢半ばだったが、本物の国際貢献に身を投じた日本人を誇りたい」。

これを書いた人たちは自分の息子、娘がアフガニスタンに行くと言ったら、さぞかし喜んで送り出すことだろう。でも、当該のNGOの安全対策に手落ちがなかったかどうか、他の国のNGOはどんな態勢で安全を確保しようとしているのか、日本の外務省にはなすべきことがあったのではないか、などを執拗に検証することこそがジャーナリズムの務めなのではないだろうか。『ル・モンド』はそうしている。

読書人オバマ

2008.11

「何を読んでいるか言ってごらん。きみが誰であるか言ってあげるから」ということわざがあるそうだ。国際問題研究者のK・É・ビタール氏がマケインとオバマ両候補が読んだ本を比較的に分析している（『ル・モンド』九月二一／二二日付）。

マケインは十三歳の時にヘミングウェイ『誰がために鐘は鳴る』の主人公ロバート・ジョーダンに自己を同一化したという。騎士道精神、義務感、秘密軍事行動のエキスパート、捕虜になるくらいだったら死を選ぶ覚悟の反ファッシズムの英雄。後年、氏がベトナム戦争のヒーローになったのもうなずける（ホーチミンをフランコと同一視するという奇妙な錯誤はともかくとして）。ほかに彼が愛読したのは、S・モームのスパイ小説と、G・オーウェルが「イギリス帝国主義の預言者」と評したキプリング。

対するオバマが強い影響を受けたとして挙げているのは、フィリップ・ロス、スタインベック、グレアム・グリーン、E・L・ドクトロウ。いずれも暗い陰影に富んだリアリズムの世界を描いた作家たちである。

オバマはその他、ニーチェ、フランツ・ファノン、ソルジェニツィン、また、黒人人権運動家のW・E・B・デュボアとマルコム・Xといったラディカルな思想家、さらには怒りを乗り越えてヒューマニズムの境地に到達したプリーモ・レーヴィ、トニー・モリソン、ドリス・レッシング、ネルソン・マンデラ、プロテスタント神学者R・ニーブールを読み込んでいるという。総じて「彼の読書はポストコロニアルの問題意識、知的好奇心、そしてプラグマティズムと開かれた精神によって調和された明確な左翼的シフトを示している」。

最近感銘を受けた本が、マケインはネオコン政治評論家R・ケーガンの『歴史の回帰と夢の終焉』、オバマは多元主義を説くリベラル派F・ザカリアの『ポスト・アメリカの世界』なのも対照的。

このような教養人が大統領になったら（そしてケネディの悲劇に見舞われるようなことがなければ）、アメリカが、また、世界が「変わる」（Change!）。

（二〇〇八年一〇月一日執筆）

国歌への侮辱？

2008.12

さあ、祖国の子らよ／栄光の日が来たぞ／我らに対して圧政の／血まみれの旗が振りかざされた／聞こえるか、我らの国土で／どう猛な敵兵が吼えるのが／彼らは我らの腕のなかの／子らと妻の喉をかき切りに来るのだ／武器を取れ、市民らよ／隊伍を組め／進め進め／（敵兵の）不純な血潮を／我らの畑に吸わせてやろう！

フランス大革命に恐怖して干渉を企てたオーストリア（マリー・アントワネットの祖国）との戦争のなかで作られたフランスの国歌ラ・マルセイエーズの歌詞は血なまぐさい激越なナショナリズムを鼓吹している。

一〇月一四日、そのフランス国歌が、パリ北郊の国立競技場におけるフランス・チュニジア親善サッカー試合の開会式で演奏されると、満員の観衆のなかから口笛とブーイングが沸き上がった。近隣のアラブ系移民二世、三世の少年たちの反応である。

翌朝、大統領官邸エリゼー宮に首相をはじめ関係閣僚が呼び集められた。「今後おなじ事態が発生したら試合は即座に中止せよ」と、サルコジ大統領とフィヨン首相が厳命したのに続いて、青年・スポーツ担当大臣（女性）は「マグレブ三国との親善試合は今後開催しない」、スポーツ担当副大臣は「モロッコやアルジェリア、チュニジアとの試合には、国立競技場は使わせない。相手国か地方都市で開催せよ」、アルジェリア系移民二世である都市政策担当副大臣（女性）は「彼らは弁護の余地なし。厳罰に処さねばならない」と非難の大合唱。

だが、『ル・モンド』（一〇月一七日付）に言わせると、これは「緊張を煽る危険な戦略」。たしかに、大都市周辺部の治安悪化の元になっている移民二世・三世の若者たちを声高に非難すれば、金融・経済危機のさなかで下降気味の政府支持率は上がる。もちろん、頻発する自動車の放火や警察官襲撃とおなじく、国歌への侮辱は許容できない。しかし、ブーイングは、フランスに生まれフランスで育ちフランス国籍でありながらフランス社会に受け容れられないアラブ系移民の子弟の疎外感と絶望の現れである。「二〇〇五年秋の暴動の火種は消えていない」（一〇月二八日付）。

パキスタンにおける進歩（?）

2009.01

一九四七年、英領インド帝国からの独立以来、パキスタンの秘密諜報機関「軍統合情報局」Inter Services Intelligence（ＩＳＩ）は、国家のなかの国家として悪名を馳せてきた。軍の意に添わない政府を倒し、反体制派を弾圧し、選挙では大規模な不正を組織して、民主主義の定着を妨げてきた。国外でも、アフガニスタンを支配するソ連とたたかうタリバンをアメリカのＣＩＡと連携して支援した。インドのカシミール地域でゲリラ活動を展開するイスラム過激派の背後で糸を引いている。昨年七月のカブールのインド大使館への自爆テロは、アフガニスタンで存在感を増す宿敵インドへの警戒心から、ＩＳＩが関与した事件、とされている。

昨年九月、軍部出身のムシャラフ大統領のあとを襲ったザルダリ大統領（暗殺されたブット元首相の夫）は、インドとの関係改善に努めてきたが、その過程で一一月二三日、ＩＳＩの政治部門を解体し、今後、同機関は反テロリズムの活動に特化させる方針を発表した。

この決定を伝えたニューデリー駐在のF・ロバン記者の記事が載った一一月二六日付『ル・モンド』社説のタイトルは、「パキスタンにおける進歩」(Progrès au Pakistan)。もちろんおめでたい楽観は許されないと留保条件は付けながらも、「核兵器を保有すると同時に、テロリズムの問題を抱えているイスラム国であるパキスタンの安定は、西欧にとってきわめて重要である。その国に民主主義を根付かせるためのすべての試みは、歓迎され奨励されるべきである」と書き、「文民権力の強化」を高く評価した。

その二日後の二八日付の一面トップを覆ったのが、一七〇〇人あまりの死者、三〇〇人近くの負傷者を出したムンバイ多発テロの大きな見出しと写真。パキスタンに拠点を持つ組織の仕業とされ、ＩＳＩの関与も疑われている。

日々の出来事をフォローし、その意味を分析し、中長期的な展望をも示さなければならないジャーナリストの仕事はほんとうにむずかしい。

過剰な反撃か？

2009.02

イスラエルのガザ侵攻に対する国際社会の非難が高まるなか、そろそろお出ましかな、と思っていたら案の定、一月七日付『ル・モンド』に哲学者アンドレ・グリュックスマンの投稿が掲載された。題して「過剰な反撃か？」

世論はイスラエルの行動を「不均衡」だと糾弾する。「殺戮」だ、「全面戦争」だと騒ぎ立てる。「ジェノサイド」だとさえ言い出しかねない。イスラエル軍が高性能な武器を使用せず、ハマスと同じ武器、つまり、めくら撃ちのロケット弾、石を使えば、自爆テロで無差別に民間人を標的にすれば「均衡」になるのか。あるいは、ハマスがイランやシリアの支援を得てイスラエル軍のそれと「均衡」した軍事力を備えるまで待てと言うのか。「すべての紛争は不均衡である」。「どちらの陣営も自己の有利を活用し、相手の不利につけ込むことに努める」。イスラエル軍は高性能な武器を使用して「標的をしぼっている」。ハマスは、生命の尊厳を無視し、国際社会からの圧力へのイスラエルの配慮を当て込んで、ガザ住民を「人間の盾」として利用している。「均衡」のお題目では近東の平和は実現しない。「近東ではゲームのルールを尊重するだけのためにたたかっているのではない。ルールを確立するためにたたかっているのだ」。「サバイバルを願うことは『不均衡』ではないのだ」。

フランスの知識層にはユダヤ系の人たちが多い。その多くがパレスチナ国家の成立を支持している(その彼らの反応が一月一四日現在見えてきていない)。グリュックスマンはベルナール=アンリ・レヴィとともに例外的存在である。それにしても、一九七〇年代にソ連型共産主義を糾弾した「新哲学派」の旗手として華々しく登場して以来、ボート・ピープル、ボスニア、チェチェン問題などで一貫して「犠牲者」の側に立ってきた者が、イスラエルとなると、がらりと変わる。驚きである。

「イスラエルは常に戦争に勝ってきた。そして平和を失ってきた」。

おなじくユダヤ系の思想家レーモン・アロンの言はイスラエルというパラノイア国家の悲劇を衝いている。

宗教と国家

2009.03

ソ連時代には国家によってきびしく統制されていたロシア正教会はこんにちめざましい復活をとげつつある。教会や修道院の葱花形屋根《そうかけいやね》はふたたび金色《こんじき》に輝いている。正教会派の中等教育学校が各地で続々と開校している。モスクワにはいまや神学大学が三校もある。専属司祭室を置く兵営や病院、刑務所が増えている。

こうしたなかで、ことし一月二七日、キリル師がロシア正教会総主教に選出されたことは、一億六五〇〇万の信徒にとって重要であるばかりでなく、ロシア政権にとっても「決定的に」重要なできごとである。政教分離はたてまえで、教会と国家は持ちつ持たれつの関係にあるからである。

超大国ロシア復活の執念に燃える国軍と治安警察（旧ＫＧＢ）出身の政権中枢は、ソ連崩壊以来失われていた「国民的アイデンティティ」の再構築をめざしている。そのために正教を、世俗主義とリベラルな民主主義という西欧の理念とは一線を画した「ロシア・ドクトリン」の核心に据えようとしているのである。

この「サーベルと聖水散布器《グーピヨン》」の同盟は進展しつつある。聖職者集団は排外主義・国粋主義の色濃い伝統への回帰に好意的である。一九八九年以来、正教会のイデオローグおよび外務大臣の役割を果たしてきたキリル師もこうした危険な潮流に逆《さか》らわなかった。多民族多宗教国家であるロシアで「ロシアをロシア人に」を叫ぶ「ロシア・ドクトリン」は社会に浸透しつつある。二〇〇八年には、一見して非スラヴ人とわかる顔を持つ者一一三人がスキンヘッドのナショナリスト青年たちにナイフで刺し殺されている。

キリル師は不寛容と国粋主義の危険な徴候に抵抗できるだろうか。「これほど不確かなことはない（Rien n'est moins sûr.）」。

一月二九日付『ル・モンド』社説を紹介した。

やはり、西欧的価値とは違う独自の伝統的価値を主張し、漢族優位を信奉し、チベット族やウイグル族を抑圧している中国とおなじく、ロシアも「ふつう」の民主主義には背を向けて歩んでいる？

イスラムと共和制

2009.04

一九七九年、パーレビ王朝を倒したイラン革命。その最高指導者ホメイニ師（一九〇二—八九）が掲げた目標は独立・イスラム共和制・自由だった。

独立は達成された。大学出ながら印刷工の青年でさえ認めている。「革命のおかげで、ぼくの運命がロンドンやワシントンで決められる、ということはなくなった」。

自由と民主主義はどうか。街のなかを風俗取り締り隊がパトロールし、髪の毛がスカーフからはみだしている若い女性や手をつないで歩くカップルを取り締まっている。二〇〇三年のノーベル平和賞受賞者エバディ弁護士の家は数週間前に襲撃・破壊され、主宰する人権センターの事務所は閉鎖され、情報機器のすべてを没収された。彼女によると「死刑執行（年平均三〇〇人）、新聞の発禁処分、知識人への弾圧」がやまない。選挙があれば、革命防衛委員会が候補者を判別し、改革派を排除している。国会の野党議員は定員二九〇名中の二、三〇名のみ。

経済はどうか。二〇〇五年に当選したアフマディネジャード大統領は民衆迎合のデマゴギー政治で、ため込んだオイルマネーを国民に直接ばらまいて（「魚の捕り方を教えずに魚をくれてやった」と批判された）インフレ（二九％）を誘発。国家予算の半分は原油輸出の売り上げでまかなっているのに、一バレル一四七ドルが五〇ドル以下に下落。失業率一五％。貧困ライン以下の生活者が八〇〇万人（総人口七〇〇〇万人）。テヘラン貧民街の児童センターのこどもたちの七〇％はチューインガムを売ったり段ボールを拾ったりして路上で働いている。女の子は十四、五歳で口減らしのために結婚させられている。六月一二日に大統領選挙がある。改革派の希望は、イランの人口の半分は三十歳以下であること、というのだが……（『ル・モンド』二月一一日付）。

「イスラム」共和国だから経済も（「共和制」と不可分の）民主主義も発展しないのだ、と断定するのが短絡的であることは、ことし革命五十周年のキューバの現状を見れば明らかなのだが……。

正義の人、ヴィクトル・ユゴー

2009.05

第二次アヘン戦争の一八六〇年、イギリスとフランスの連合軍は北京を占領。郊外の円明園離宮を略奪のうえ放火し、灰燼に帰せしめた。その円明園にあった十二支のブロンズ像のうちネズミとウサギの頭像が回り回ってイヴ・サンローラン（一九三六―二〇〇八）の厖大な蒐集品のなかに入っていた。二月二五日、クリスティーズの競売に付されたが、中国政府は返還を要求。サンローランの共同経営者ピエール・ベルジェは「中国がチベットに人権と自由を与えるなら、無償で供与する」と言明して中国を刺激した。

英仏連合軍の「快挙」について、意見を求められたヴィクトル・ユゴー（一八〇二―八五）が、帝政に反対して亡命していたガーンジー島から、一八六一年一一月二一日付書簡で答えている（『ル・モンド』三月一五／一六日付）。

「ギリシアのパルテノン」に比すべきこの「世界の驚異」。「まだ見たことがなくとも、夢見ることができる。ヨーロッパ文明の地平線上に、アジア文明のシルエットであるかのごとく、暮れなずむ空に遠く浮かぶ身の震えるような未知の傑作」。

「ある日、二人の強盗がこの宮殿に侵入した。一方は略奪し、他方は火を放った」。「そこには美術の傑作だけでなく貴金属宝飾品の山があった。偉大なる壮挙、思わぬ天恵。勝利者の一方がポケットに詰め込めば、これを見た他方がつづらに詰め込む。そして肩を組んで呵々大笑しながら帰還した。これが二人の強盗の話である」。

「われわれヨーロッパ人は文明人である。そしてわれわれにとって中国人は野蛮人である。文明が野蛮に対しておこなったことがこれである」。「フランス帝国はこの勝利の半分を懐にした。そして、今日、円明園のすばらしい骨董品を無邪気な所有者然と見せびらかしている」。「いつの日か、自由になり身をきよめたフランスが、この戦利品を被害者中国に返還することを祈っている」。

ミッテラン政権とも近かった「キャビア左翼」ベルジェ氏、ユゴーの爪の垢でも煎じて飲むのがよいかも知れない。

フランスの大学「独立法人化」

2009.06

二月はじめからフランスの大学が揺れている。いつもと違って、教員が/も騒いでいる。〇七年八月、「大学の自由と責任に関する法律」（通称「大学自治法」）（いかにもうさんくさい名称）が採択された。これにもとづいて今年一月、全国八五大学のうち二〇大学が自治権（autonomie）を獲得した。日本式に言うと「独立法人化」した。その他の大学も二〇一二年までにそうなるはずである。

選挙によって選ばれた評議員会が管理・運営にあたる。予算の決定・執行の自主権を持つ。教育・研究者の給与も独自に決定できる。研究計画も自主的に決める。財団をつくり外部資金を導入することもできる。不動産施設の所有者になることもできる。

法律の制定当初から、市場原理主義にもとづく大学民営化が真の狙いだとか、競争により大学問の格差が生ずる、学長に権限が集中しすぎるとかいった批判が、各種学会、大学教員の諸組合、（「研究を救おう」「大学を救おう」といった名称の）任意団体からあげられていた。

しかし、騒ぎが拡大したのは、「教育・研究者」（enseignant-chercheur）（「大学人」universitaire に代わる最近のお役所的な呼称）の身分に関する政令の内容が明らかになってから。約一万八〇〇〇人の教授、約三万五〇〇〇人の准教授の、これまでの勤務条件は、講義年間一二八時間、演習一九二時間、計三二〇時間が義務、それ以外は自由裁量で研究およびその他の業務、ということになっていた。政令は、今後、教育・研究者の教育担当時間を学長が「調整」することができる、また教育・研究者は四年ごとに勤務状況、業績を「評価」される、と決めた。これはもちろん、個人ごとに教育負担の増減、研究費や給与・賞与の多寡、昇進の遅速につながる。

ラ・フォンテーヌの寓話の、（肥えた、しかし首輪をはめられた犬よりも）飢えてはいても独立不羈《ふき》のオオカミであることを自任するフランスの大学の先生方のレジスタンスの帰趨は、（文科省がそう言うのだから）「仕方がない」が口癖の日本の大学人にとっても、無関係ではないと思うのだが。

「無恥のきわみ」

2009.07

「スリランカ政府軍とタミル武装勢力の戦闘で民間人数千人が犠牲に　国連とNGO、《重火器使用》と《国際法違反》を憂慮」

『ル・モンド』のフィリップ・ボロピオン記者がニューヨークの国連本部から送った記事の見出しである（五月一三日付）。

スリランカ国民の七四％は仏教徒のシンハラ人だが、北部と東部に住む一五％のタミル人はヒンドゥー教徒。シンハラ語を公用語化するなど、少数民族の権利を抑圧する一九七二年の憲法改正に反撥して結成されたタミル・イーラム解放の虎（ＬＴＴＥ）が分離独立をめざして武装闘争を続けてきた。〇五年に選出されたナショナリスト、ラジャパクサ大統領は去年の一一月以降攻勢を強め、五月一七日、ＬＴＴＥの幹部二五〇人を追い詰めて殲滅。内戦勝利を宣言した。

ボロピオン記者の記事は、この最終段階で、数万人の民間人を人間の盾にして抵抗するLTTE残党に対して政府軍が容赦なく重火器を使用しているため多くの犠牲者が出ている事態に、国連でスリランカ政府に対する非難の声が高まっていることを伝えるものだった。パン・ギムン事務総長は国際法違反を非難（二二日には急遽現地に乗り込んだ）。ニューヨーク来訪中のフランスのクシュネール外相と英国のミリバンド外相も安全保障理事会がこの問題を取り上げることを要求した。一五理事国のうち九カ国の賛成が必要だが、中国とロシアはスリランカの国内問題として反対。非常任理事国のヴェトナム、リビア、トルコ、そして日本も消極的。NGO「国際危機グループ」の専門家は「第一のスリランカ援助国日本の腰の引けた姿勢は無恥のきわみ（une honte absolue）」と批判した。

「日本は欧米と比べてスリランカ政府寄りだとの批判もあります」と問われたスリランカ担当日本政府代表の反論は「欧州諸国のように公然と非難するだけが外交ではない」（朝日新聞、五月二一日付）。

だがこれは、日本の新聞に載ったインタビュー。国際世論の耳に届かない。

ゲイ・アイコンズ

2009.09

フランスでは一七九一年（つまりフランス革命期）に同性愛は犯罪であることをやめたが、英国では一九六七年まで刑罰の対象だった。だが犯罪であったのは男性の同性愛で、女性のそれは不問であった。女性どうしの性関係がありうるなどということは、同性愛を犯罪としたヴィクトリア女王（一八一九―一九〇一）の想像力の範囲外であった……。

犯罪ではなくなったが、男性間の関係はホテルでは依然禁止されている。「鉄の女」サッチャー首相は、一九八八年、学校教員が同性愛を話題にすること（つまり寛容を説くこと）を地方自治体法で禁止した。大衆タブロイド紙の反ゲイ・キャンペーンもやまない。

ブレア政権になって、三六〇万人と推定される同性愛者の状況はようやく変化した。地方自治体法の禁止条項を廃止した。性行為に同意することができる年齢を異性間と同性間で同じにした。「シヴィル・パートナーシップ」法（フランスのパックス法に相当する）をつくった。同性愛カップルによる養子縁組を認めた。同性愛を理由とする解雇を禁止した。

そのブレア首相によって、一九九七年、桂冠詩人になるのを阻止されたレスビアンのC・A・ダフティが、今年五月一日、桂冠詩人に任命された。こうした背景のなか、ナショナル・ポートレート・ギャラリーで、七月二日、「ゲイ・アイコンズ」という展覧会が始まった（一〇月一八日まで）。と言っただけでは、このイベントの意義は理解できないだろう。一八五六年に創設されたこの国立ギャラリー（http://www.npg.org.uk/）は十六世紀以来の英国の歴史的人物（政治家、軍人、芸術家、文学者、科学者）の肖像画を展示する施設で、ナショナル・ギャラリーと並ぶ観光スポット。そこで、一〇人（男性六人、女性四人）の、英国ではチョー著名な、いずれも同性愛者の作家、政治家、スポーツ選手、歌手が、自分の半生に大切であったとして六人ずつ選んだ人物たちの写真が展示されたのである。（『ル・モンド』のヴィルジニー・マランヅル記者のロンドンからのレポートを紹介した［六月二〇日付］）。

「共和国の恥」

2009.10

二〇〇六年、九三。〇七年、九六。〇八年、一一九。〇九年一月―八月、八一。

フランス全国にある一九四カ所の刑務所での自殺者の数である。八一人という、八月までの今年の数字は法務省発表のそれで、NGOの調査では八八―九二人だという。この調子だと、今年は一九九六年の一三五人という最悪の記録を更新するのではないかと危惧される。

スペインやイタリアと比べて四倍にのぼる自殺者数。最大の原因は刑務所の過密状態。全体で五万一〇〇〇人の収容能力に対して、六万二四二〇人が収容されている。二人用の監房に八人も詰め込まれ、他の者たちが食事をしているかたわらで、タオルで仕切られただけの片隅で用を足すという事例も報告されている。受刑者の二五%は精神病質者であるにもかかわらず、専門家の治療、援助を受けることがない。社会復帰の教育も不十分なまま刑期満了で釈放されるから、再犯率六〇％とヨーロッパ最悪。

すでに九年前の二〇〇〇年、上院は刑務所の状況を「共和国の恥辱」（l'humiliation pour la République）と指摘した。今年六月、ヴェルサイユ宮殿で開催された両院合同会議でサルコジ大統領も「共和国の恥」（une honte pour la République）と叫んだ。「共和国」という語はフランス人にとっては「民主主義と人権」の同義語である。国を挙げて事態の深刻さを憂えていることがわかる。

八月一八日、アリヨ＝マリ法務大臣が緊急対策を発表。しかし、いわば型どおりの、刑務所職員の教育の充実、受刑者の受け入れ態勢の改善などはともかく、いわゆる「自殺予防キット」（不燃マットレス、裂けないシーツと掛け布、使い捨ての紙パジャマ）を配布するとか、収監者のうち健全なものを監視者に任命するとかいった弥縫《びほう》策を並べたものだから、かえって世論を憤激させてしまった。

「恥」と題する『ル・モンド』の社説（八月二〇日付）と関連記事の内容を紹介した。アルベール・カミュは「ある国の在り様はその監獄の状態で判断される」と言ったそうだが、日本はどうなのだろうか。

ブラヴォー！　でもそのあとは？

2009.11

「はじめて、きわめて明快に、国際社会は気候変動に対するたたかいの資金調達の問題を交渉のテーブルに載せた。この上もなく明確であるというメリットを示したのは日本の鳩山由紀夫首相である。同氏は、南の諸国が温暖化に対応する、あるいはたたかうのを支援するために『新規の、実質的な、追加的な、官民の資金供給』をおこなう新しいメカニズムを構築することを提案した」。

「このメカニズムは途上国の温室効果ガス排出削減が生み出す炭素クレジットを基盤にすることになる。『途上国による削減の国際的な認識を可能にするルール』をつくることがその条件となる。またこのシステムは炭素クレジットを生み出す諸計画についての情報を集積する任務をもつ国連気候変動条約事務局をもつことになる」。

「さらに、鳩山首相は『知的所有権の尊重を確保しつつ、低炭素な技術の移転を促進するための枠組み』を作ることを提案した。短時間の一般演説という制約のなかで可能なかぎり明確に日本の総理大臣が描いて見せた構想は気候問題の交渉にいちだんと弾みをつけることになるだろう。温室効果ガス排出を（二〇二〇年までに一九九〇年比二五％）削減するという力強い公約をおこなって範を示しただけになおさらである」。

鳩山首相の国連演説についての『ル・モンド』（九・二四付）の記事の一部を訳出した。しばらく前から、この新聞は環境問題を重視していて、四頁目を La Planète「地球」面とし、毎日、世界の環境問題についての記事や分析を掲載している。だから当然、と言えるかも知れないが、それにしても、日本の首相の国際舞台での発言が『ル・モンド』で賛辞とともに大きく取り上げられたことは、いまだかつてなかったように思う。

でも、これから、総理大臣の意を体して、米欧や新興国・途上国と渡り合いながら、日本の国際公約の実現のために八面六臂の活躍をしてくれるような剛胆かつ凄腕の頼もしい外交官がこの国にいるのかどうか。心許ない思いを禁じえない。

笑って済む話？

2009.12

フランスはカルト集団にきびしい国である。国民議会（日本の衆議院に相当）に「カルト活動調査委員会」が、首相府に「カルト集団監視・取締り委員会」が設置されていて、実態調査と国民に警戒を呼びかける広報活動をおこなっている。

多額の金銭を吸い上げられた女性被害者二人を原告、サイエントロジー教会を被告として五月から六月にかけておこなわれた、刑法上の「組織集団による詐欺」「薬事法違反」を問われた裁判の判決が一〇月二七日に下された。教会に四〇万ユーロ、その書店に二〇万ユーロの罰金刑、六人の教会幹部に二年から一〇カ月の執行猶予付禁固刑、三万から一〇〇〇ユーロの罰金刑が科せられた。教会がおとりに使う性格分析テスト、サウナやジョギング付、ビタミン剤濫用の高額な自己啓発研修、法外な値段で買わせる電位計、いずれも「詐欺行為」と判定された。検察側はこのカルト集団の解散を求刑したのだったが、その根拠である条項をめぐる不明朗な動きがからんで、そこまでいたらなかった。裁判所は判決を『ヘラルド・トリビューン』、『タイムズ・マガジン』を含む新聞に掲載して周知徹底するよう命じた（被告側は即刻控訴した）（『ル・モンド』一〇月二九日付）。

話は変わるが、日本の政権交代に際して、ファースト・レディになるべきお方についての記事が大きなカラー写真とともに『ル・モンド』に載った（九月一八日付）。いまだかつてなかったことである。「のびやかでエレガントで奇抜なミユキ・ハトヤマとその外向的な人格は日本の首相夫人の従来のイメージと対照的である」と特異なお人柄と、宝塚ご出身という類型的でない経歴とに注目しているが、もちろん、「トム・クルーズは前世で日本人だった」という奇っ怪な発言も引用している。『ル・モンド』ではないが、『ル・フィガロ』は「ご両人、サイエントロジー教会の集まりで出会ったことがあるのだろうか」と心配している（九月一五日付）。トム・クルーズは「組織的詐欺集団」の広告塔として著名な人物。故人献金問題よりも重大な問題なのでは？

「異質なもの」の拒否

2010.01

朝まだき、モスクに付設された塔ミナレットの上から、祈りの時刻を告げる呪文を唱えるような声が町中に響き渡る。イスラム教国の風物詩である。

一一月二九日、カルヴァン派キリスト教徒の国スイスでおこなわれた国民投票で、ミナレットの建設を禁止するという、ポピュリスト民族主義政党とキリスト教原理主義派の提案が、五七・五%の支持を得て可決された。人口七五〇万人のスイスに住むイスラム教徒は四〇万人。主としてバルカン半島とトルコからの移住者である。つまり原理主義やジハード（聖戦）などとは縁のない人々である。そのうち五万人が実践的信徒。約二〇〇カ所の礼拝所をもち、ミナレットはこれまでわずか四カ所だった。

禁止を支持した者たちは予防措置だと主張する。「最初はミナレットをつくらせろ。次がお祈りをしろ。最後はこの国にイスラムの原理を押しつけようというのさ」。

否決されるものと高をくくっていた政府は慌てた。国際的な批判は必至である。観光業界と銀行業界はアラブ諸国の顧客の反応を危惧している。

スイスの椿事にオーストリアやベルギー、オランダ、デンマーク、そしてもちろんフランスの極右政党は得たりやおうと勇み立った。「スイス国民はフランス国民がひそかに考えていることを公然と口にしたということなのだろうか」という『ル・モンド』ネット版（一二月二日付）の記事のタイトルが示唆的である。西欧諸国では今や教会はますます閑散としている。それに対し、規則ただしい礼拝、ラマダーン、独特な食習慣、ベールどころか頭から足までを完全に覆う黒のブルカなど「異質な」兆候が日常的に人々の目に突き刺さる。おりしも、大統領が煽りたてた「国民的アイデンティティ」論議でかしましいフランスでは人ごとでない問題である。

『ル・モンド』は社説（一二月二日付）でスイスの国民投票は「寛容を第一の価値とするヨーロッパに、他者の拒否を象徴する不信と無知と怖れの新たな壁をつくるにひとしい」と批判した。トルコはＥＵに加盟できるのか。試金石である。

希望から失望へ

2010.02

二〇〇九年一二月七日―一九日、コペンハーゲンで開かれた国連気候変動枠組み条約締約国会議（COP15）。その初日に『ル・モンド』をはじめとする四五カ国の五六の新聞が長大な共同社説を掲載した。題して「コペンハーゲンでオプティミズムを勝利させよう」（日本の新聞はひとつも参加していない。声を掛けてさえもらえなかった、ということはよもやあるまいと思うのだが）。地球温暖化阻止のための喫緊の課題について「公平で効果的な合意」を形成すること、この合意を「条約に変える確固たる日程」を立てることを一九二カ国の代表に「懇請」（implorer）したのである。

それから二週間後の『ル・モンド』（一二月二〇／二一日付）の一面トップ。「コペンハーゲンの挫折または世界政府の限界」という見出しが《CLIMATE SHAME》（気候 恥）というプラカードを掲げて抗議する若者たちの大きな写真を飾っていた。社説のタイトルは「失望」。①会議はみずからに課した「二〇五〇年までに温室効果ガス排出を一九九〇年比五〇％削減するという目標」を棄ててしまった。②各国の削減努力を検証する国際機関の設置も実現しなかった。③欧州連合は高い目標を掲げていたが、アメリカ・中国・インド・ブラジル・南アフリカから成る同盟に対して無力だった。④コペンハーゲンの挫折の主たる責任は中国にある。自国の経済発展に枷《かせ》をはめられたくなかった、また、国際的な検証を主権侵害として嫌った。⑤「つかみ合いのけんか」(foire d'empoigne) に終わった今回の会議は、いまや、あらかじめ米中間の合意がない限り世界の重大な問題はなにひとつ進展しないことを証明した。⑥全員一致という国連の運営方式は破綻した。

ところで、会議の経過を連日詳細に報じる『ル・モンド』の記事のなかに日本の外交官や大臣、そして首相の名前を見いだすことはなかった。日本の新聞で見かけた「脱温暖化流れはとまらぬ」とか「来年決着へ再起動急げ」、そのために「日米連携を組み直せ」といった文言がいかにも虚ろに響いた。

「フロイト戦争」始まる

2010.03

誤訳・悪訳・欠陥翻訳であることが客観的に証明されたのに「些末な議論」とうそぶいて売り続ける。ほとぼりがさめたと判断したのか、「一九五三年刊行以来六四〇万部」を惹句にまたぞろ売り始める。日本にはまさに「マネーは踊る」キャピタリズムを恥じることなく実践している本屋さんがある。

ところで、フランスで「フロイト戦争の火ぶたが切られた」。没後七〇年が経ち、二〇一〇年一月一日、フロイトの著作権の期限が切れ、自由に翻訳出版できるようになったのである。

日本では翻訳の問題といえば単純な語学的間違いのことだが、フランスでは原著者の理論や思想の解釈と結び付いた議論になる。ＰＵＦ社で刊行中の全集の翻訳は精神分析家のチームが主導していて、理論と概念の厳密性・統一性を保つことを重視している。フロイトの言語は普通のドイツ語ではなく、彼独特の「フロイト語」なのだという。そのため、込み入った構文のフランス語文になり、奇妙な新語が作り出された。Wunsch（願い）を素直に désir とせず、souhait/désirance としたり、Seele（心・精神）を âme/psyché でなく、animique としたりした。そのためきわめて読みにくい翻訳になってしまい、批判を浴びている。一方、ガリマール社とパイヨ社に拠る訳者たちはドイツ語に堪能なゲルマニストや哲学者で、「読みやすさ」を重視する。ラカン派の精神分析家たちがこねくりまわしてしまったテキストを素直に読み、素直に訳すことを心がけている。それでも Angst（不安）を angoisse とするか peur とするか、Das Unbehagen in der Kultur（一九三〇年のテキストのタイトル）の Kultur を culture「文化」とするか civilisation「文明」とするかで論争している。

フロイトは売れる。ペーパーバック版の販売合戦が熾烈である。PUF社は一月に一二点、ガリマール社は一五点、パイヨ社は八点を投入する。これまでの三社独占体制にスイユ社とフラマリオン社が新たに参入する。『ル・モンド』（一月八日付）の二ページに及ぶ特集を紹介した。

病める国　フランス

2010.04

フランスには médiateur de la République「共和国調停官」という公職がある。スウェーデンのオンブズマン Ombudsman, イギリスの国会行政管理官 Parliamentary Commissioner にならって一九七三年に設けられたポストである。日本の「市民オンブズマン」とやらを連想するとんでもない間違いになる。

共和国調停官は任期六年で閣議によって任命される。再任がないし解任できないから右顧左眄する必要がない。権力からは完全に独立している。任務は、国、地方公共団体、その他の公共機関の不適切な行為に対して国民の権利を擁護すること。全国に散らばる約三〇〇人の調停委員を束ねている。二〇〇四年以来その職にあるJ・P・ドゥルヴワ氏はシラク大統領の下で公務員制度・国土整備・国制改革担当相を務めたことのある保守政治家。その人が二月末、大統領と国会に年次報告を提出するにあたって『ル・モンド』のインタビューに応えた（二月二一／二二日付）。

「わたしが処理した案件から判断すると、フランスはいまや、ばらばらになりつつある社会です。誰も彼もが自分本位で、共に生きているという気持ちが薄れています。共和国の市民《シトワイヤン》でなく、共和国の消費者になってしまっています。フランスはいま精神的に疲弊し極度に苛立っています」。「市民と国家とのあいだの溝が深くなっています。彼らは国家によって十分に守られていると感じていません」。「二五〇〇万人の人々が収支かつかつの生活を送っています」。「人々の生き方に継続性が失われてきています。生涯おなじ仕事、おなじ配偶者というパターンが崩れています。おおきな挫折が不意に訪れます。ところが行政は書類を処理するのみで、いま現に困っている人々を助けることをしていません」。現政権も「民衆の感情的反応を煽りたて、マスコミがこれを増幅するだけで、全体的長期的なヴィジョンを打ち出そうとしません」。

穏健な政治家によるてきびしい健康診断。よそごとでない響きがある。

日本「外交」の快挙？

2010.05

「マグロ、サメ、ゾウ　すべての保護措置を阻止するため日本あの手この手」

絶滅のおそれのある動植物の国際取引を規制するワシントン条約締約国会議（ドーハ、三月一三―二五日）における日本代表団の「なりふりかまわぬロビー活動」を伝える『ル・モンド』の特派員ルポのタイトルである。

ドーハ会議の数カ月前からアフリカ、アジア、太平洋沿岸の諸国に使節を派遣し説得するとともに漁業をはじめとする産業発展の援助を約束した。十数カ国の代表団の旅費滞在費は日本が負担した。クロマグロ取引禁止を提案したモナコ代表団は三人なのに対し、日本の代表団は三〇人。傍聴席には一七もの日本の「圧力団体」が押しかけた。「われわれを支持するため、それと、われわれを監視するためですよ」と政府代表のミヤハラ氏が「笑った」。とくに派手だったのが「サンゴのネクタイピンとサメ革の財布を誇示する」一団。「サメの肉は食料、骨は薬、皮はバッグ、ひれはスープ、歯はペーパーナイフ。サメのすべてが有用」と説明した大きな図を壁に貼っている。クロマグロをめぐる投票前日の一七日、カタール駐在日本大使館は日本を支持してくれそうな代表団をマグロの寿司・刺身試食会に招待した。二一日には、会議がおこなわれたシェラトン・ホテルのプールサイドに二〇〇人を招待して、マグロ寿司パーティを開いた。

日本は特に南北対立を煽る作戦に出た。先進国は漁業者に補償金を出すことができるが、途上国の漁業者は飢えるだけ。さんざん資源を乱獲してきた国がいま資源保護をお説教している偽善を説いた（三月二七日付）。

日本の新聞には「禁輸回避は当然」「漁業者は一安心」といった文言が踊ったが、ＥＵ、アメリカを敵に回し、リビア、アイスランド、インドネシア、チュニジア、アラブ首長国連邦、ベネズエラ、チリ、セネガル、トルコ、モロッコ、ナミビア、それに韓国と中国を味方にした「マグロ戦争」の勝利。ミヤハラ氏は水産庁の高官だと。ほんものの外交官たちは日本外交の赫々《かっかく》たる戦果と考えているのだろうか。

言語　アイデンティティの根元

2010.06

ＢＨＶという略号を見るとフランス人はふつうBazar de l'Hôtel de Ville、すなわち、パリ市庁の隣にある老舗百貨店を考える。ところが最近の新聞で見るＢＨＶはBruxelles-Hal-Vilvorde（ブリュッセル首都圏）のこと。すなわち、ベルギー王国を構成する三つの地域圏のひとつである。ブリュッセル市の一九の区とオランダ語ブラバン地方の三五の町村からなる。他の二つは北部のフランドル地域圏と南部のワロン地域圏。前者はオランダ語、後者はフランス語が日常語である。

ＢＨＶは複雑で、ブリュッセル市民は六〇％が、その周辺もかなりがフランス語話者だが、フランドル地域に浮かぶ島みたいなものだから、全体としてはオランダ語が優勢。そうした状況のなかでブリュッセルは二言語併用、周辺部の約一五万人のフランス語話者は行政・司法・

政治（選挙）でフランス語によるサービスを受ける権利を保障されている。

ベルギー建国は一八三〇年。はじめはフランス語のみが公用語。経済的にワロン地域圏の方が発展していたので政治的にも主導権を握っていたが、第二次大戦後、人口的に優勢なフランドル地域圏が経済発展をとげ、一九六三年以降、次第に言語・文化面での、ついで政治面での自治権を獲得し、ベルギーは「連邦制」に移行していった。それにともない、経済面で相対的に遅れをとったワロン圏を教育・厚生・社会保障面で支援する形になることへの不満も高まった。支配層であったフランス語話者に対する歴史的怨念もある。ついに今年四月、オランダ語圏の政党がこぞって同地域出身のレテルメ首相が率いる連立政権にBHVの分離、すなわちオランダ語地域のHVをフランドル地域圏に合併することを要求。フランス語圏の政党と全面対決、内閣総辞職、国の分解の危機を迎えた。

欧州連合の「首都」がブリュッセルだという事実がベルギー国の解体を回避させてくれる、という観測もある。六月に総選挙が予想されているが、どう展開するか。『ル・モンド』四月二四日／二七日の記事を紹介した。

両雄並び立つか？

2010.07

去る五月六日の選挙で一三年間におよぶ労働党政権にとどめをさして成立したのは、保守党のキャメロン氏を首相、自由民主党のクレッグ氏を副首相とする連立内閣。「連立政権は英国人の性に合わない」（ディズレーリ）と言われる英国で六五年ぶりの異例の事態である。

政策協定が結ばれたが、もともと両首脳の考え方にはかなりの違いがある。

キャメロン氏はサッチャー首相以来の nasty party「意地悪政党」という保守党のイメージを変えるために compassionate conservatism「思いやり保守主義」を唱え、社会的弱者への配慮、「ゲイ・フレンドリー」、公共サービスの維持、環境保護を訴えたが、単独で過半数が取れなかったことに現われているように、選挙民の信頼を得られなかった。学生時代は熱烈なサッチャー支持者だったし、五年前には環境問題軽視の保守党政策マニフェスト作成に参画していたし、七年前には教員が学校で同性愛問題を取り上げることを禁止する法の条項を廃棄することに反対したことは周知のことであるからである。

中道左派の自由民主党党首クレッグ氏の方は、平均的な英国人とはかなり隔たった考え方の持ち主。ＥＵへの英国の積極的参画に賛成。テロ対策を理由にした市民的自由の制限に反対。非ヨーロッパ系の不法移民に居住権を認めることに賛成。原子力潜水艦のリニューアル建造に反対、といった具合である。

ただし、共通点もある。いずれも富裕な銀行家を父として生まれた。キャメロン氏はパブリック・スクールの超名門校イートン・カレッジを経て、オックスフォード大学。クレッグ氏は私立の名門校ウェストミンスター・スクールを経て、ケンブリッジ大学。両者とも「イケメン」で弁舌さわやか。そしてなによりも、ともに四十三歳という若さ！

「強力で安定した政権」をつくる、と宣言しているが、二〇〇八年秋以来の大不況、国内総生産一二％の財政赤字という国難を乗り越えることができるか。『ル・モンド』五月前半の記事から拾った。

危機一髪

2010.08

「非の打ちどころのない民主主義国であるならば、よもや大統領がそのようなことはしないだろう。また、そのようなことをしたら、国中から囂々《ごうごう》たる非難の声が沸き起こるだろう。大統領たる者は新聞にかかわる問題に口をはさむべきではない。《基準》紙と言われている日刊紙の社長に電話をし、次いで官邸に呼びつけ、その新聞を救うと称して脅すようなことをしてはいけない。ところが、これこそ、サルコジ大統領が『ル・モンド』に対して弄した策略である。『ル・モンド』は長い間フランスの新聞の誇りであったし、今もそうである。編集陣が決定権を持っている唯一の新聞である。記者会とその他の社員会が多数決を阻止できる比率で株式を所有している。記者会は経営について発言権を、社長の任命について拒否権を持っている」。

週刊風刺新聞『ル・カナール・アンシェネ』（六月一六日付）の論評の冒頭である。

サルコジ大統領はすでに主要なメディアを直接・間接に掌握しているが、莫大な累積赤字を抱えて経営危機に陥り、新たな投資者を探していた『ル・モンド』にも触手を伸ばし、自分の息のかかった投資者グループを受け入れるよう社長に圧力をかけたのである。

だが『ル・カナール・アンシェネ』は大統領の策動はやぶへびだろうと予言した。「新聞企業は虚弱であるし、しばしば金権力（あるいは政治権力）に支配される。しかし少なからぬ数のジャーナリストは奇妙な共通点を持っている。表現の自由への執着である」。はたして、記者魂を奮い立たせた『ル・モンド』の記者会、またその他の社員会はいずれも九〇％を超える圧倒的多数で左派系の三人の実業家グループの投資受け入れを決議した。経営の最高議決機関である監査委員会もこれを支持する決議をした。従来どおり記者会の諸権利を認める方向で投資者グループとの交渉が進められているという（『ル・モンド』六月二七／二八日付）。『ル・モンド』の「編集権の独立」がかろうじて確保されたことを喜びたい。

ＥＵ市民よ、武器を取れ！

2010.09

「世界は軍備を増強しているのに、欧州は縮小している。不況の影響、また財政健全化の必要から、ＥＵ各国は軍事予算を削っている。それも大幅に。これは危険である」。「軍事力は単に抑止するため、あるいは国境で敵と戦うためのものではない」。「欧州のような地域にとっては、軍事力はその世界戦略を正当化するための力である。欧州経済の将来を決する可能性のある遠い地域にも影響力を発揮するための力である。また、他の地域で紛争当事国のあいだに割って入り、ジェノサイドや人類に対する犯罪を阻止するための力である。要するに、世界の大国に伍してその地位を維持するための力なのである」。「数字がすべてではないが、数字はごまかさない。ＥＵ諸国の大半の防衛予算は国内総生産の一・五％以下である。そしていずれも、今後二年間、軍事費を削減するとしている。小国ばかりでなく、ドイツ、フランス、イギリスのような大国も、またスペイン、イタリア、ポーランドもそうなのだ」。「しかし、アメリカは国内総生産の四%を防衛費にあてて世界の軍事大国としてとどまる意志を示している。ロシアも軍事予算は国内総生産の五%以上。中国はさらに多い」。「各国の財政的制約が余儀ないものであるならば、EU諸国はその軍事力を統合することを考えるべきであろう。EUの統一的防衛体制の構築は多くの困難をともなう。しかしその努力は放棄してはならない」。

周知のようにフランスの国歌はもとは勇ましい軍歌。その出だしの一句、«Aux armes, citoyens !»「市民よ、武器をとれ!」をもじって«Aux armes, citoyens européens !»と題した『ル・モンド』の社説(七月三日付)を紹介した。

八月の日本のメディア。戦争の被害者の嘆きと平和への祈りで紙面は埋め尽くされている。二十一世紀の世界で、日本の命運に無縁ではない防衛問題を国民的課題として論議する必要はないのだろうか。お隣の韓国では、男子全員が二四―二七カ月の兵役を義務づけられている。

頼みは中国

2010.10

先進国では過去五年間で喫煙者は四％減った。値上げ、政府の保健衛生政策、さらに不況が影響している。世界の喫煙者数に占める各地域の割合は、西欧一〇％、東欧一〇％、アメリカは四・五％。喫煙者の六〇％がアジアに集中している。しかも、増えつつある。二〇〇九年に六〇〇〇万人増えた。人口増も手伝って、二〇一四年までにはさらに三〇〇〇万人増えると予測される。そのアジアで断トツなのが中国。過去五年間で販売数が四〇〇〇億本増えた。この間、他の地域では一〇五〇億本減ったのに、世界的には二八九〇億本増えたのは中国の「貢献」。

中国ではタバコは社会の潤滑油なのである。職場に行けば上司がまず一本勧める。営業で顧客に会えば、やはり一本。仕事を終えて居酒屋に寄れば同僚の全員がさっそく一本取り出す。禁煙しようと薬局に行ってもニコチンパッチなどの治療薬物は売っていない。医師に相談しても、医師自身が喫煙者といった有様。

そして何よりも、世界最大のタバコ製造企業、中国国営タバコ会社の存在が大きい。三億五〇〇〇万人の喫煙者を相手に、二〇〇九年度、七六〇億ドルの税収＋利益を得た。前年比八二億ドルの増加である。国庫にとってまさにドル箱。中国は五年前、世界保健機関のタバコ規制枠組み条約に調印し、二〇一一年一月までに公共の場所を禁煙にすることを約束したが、何の措置も取っていない。

日本はアジアで中国に次ぐ市場だが、成人の喫煙者はこの一年で一％減って、二三・九％。増税の影響で三〇％の値上げが見込まれている。国内市場の収縮を前に、政府が依然資本の半分を所有している日本たばこ産業は、フィリップ・モリス社、ブリティッシュ・アメリカン・タバコ社とともに、中国をはじめとするアジア市場への進出をめざしている。

八月一八日付『ル・モンド』の記事を紹介した。

今年中に国内総生産で中国に追い越されるという日本だが、煙害とのたたかいでは、欧米諸国並みとはいかなくとも、中国よりははるかに先進国である。

アフリカの離陸

2010.11

アフリカ悲観論 afro-pessimisme は過去のものとなりつつある。国際通貨基金IMFの統計によると二〇〇〇年から二〇〇九年の年間成長率は平均五・一%。四〇年後、いくつかの国はBRICs（ブラジル、ロシア、インド、中国）に追いつくだろう。たとえば人口一億八〇〇〇万人のナイジェリアは、カナダ、イタリアあるいは韓国を超える経済大国になるだろう。すでにアフリカ大陸全体では世界第九位のブラジルと肩を並べている。

アフリカのテイク・オフの原因の第一は諸国政府の統治能力の向上。武力紛争を減らし、財政赤字を縮小し、公営企業を民営化した。第二は原料需要の爆発的増大の結果、外貨を獲得したこと。また、外国からの投資の増大。二〇〇〇年度、九〇億ドルが二〇〇八年度、六二〇億ドルと、中国への投資額なみになった。第三は社会的・人口動態的変化。労働市場が拡大し、都市化が進み、中産階級が出現した。一九八〇年、都市住民は全人口の二八%だったが、二〇二〇年には五〇%になるだろう。二〇〇八年、八五〇〇万世帯が年間五〇〇〇ドル以上の収入を得ているが、この額を超えるとその半額以上を食料以外の消費に充てるようになる。そして、これらの要因をまさに下から支えるのが新興国の垂涎の的になっている豊富な地下資源である。すべての国がおなじく発展することは無理である。しかし、エジプト、モロッコ、ついで、政情不安であるが、エチオピア、マリは有望である。

期待される分野はまず消費財とサービス（特に電気通信）。自然資源。インフラストラクチャー（道路、電気、水道）。そして農業。地球上の耕作可能で未耕作の土地の六〇%はアフリカにある。農業の売上高は現在二八〇〇億ドルだが、二〇三〇年には八八〇〇億ドルになるだろう。

この有望な投資先に対して、もちろんヨーロッパ諸国は注目しているが、もっとも積極的なのは中国とブラジルである。

『ル・モンド』（九月一六日付）の記事を紹介した。アフリカはもはやＪＩＣＡの援助先であるばかりではないようだ。

「ブタ草」

2010.12

アメリカ南東部のアーカンソー州は見渡す限りダイズとワタの畑が広がる農業地帯。巨大な機械が縦横に動き回り、種を撒き、採り入れ、殺虫剤を散布する光景が見られる。除草が大きな課題であった。一九九六年、モンサント社製の除草剤ラウンドアップに耐性を持つように遺伝子を組み換えた種を導入した。ラウンドアップはあらゆる雑草を除去してくれる。アーカンソー州の農業は目覚ましく好転した。雑草を防ぐための方法でもあった耕起が不要になった。経費の節減につながり、耕地は拡大し、農家の収入が増えた。他社製の除草剤はほとんど市場から姿を消した。ちなみに、アメリカ全国で栽培されているワタの五八%、トウモロコシの六六%、ダイズの九六%はラウンドアップ耐性種である。

一五年後、黄金時代は終わった。これまではあまり広がっていなかった一〇種前後の雑草がラウンドアップへの耐性を獲得してしまい跋扈し始めた。とりわけ農民たちがpigweed（ブタ草）と呼んで憎んでいるアマランサス・パルメリは一日に五センチも成長し、二メートル以上にも達する。今年の夏、ついに日雇い労働者の大群が昔ながらの鍬とスコップでブタ草を駆除した。しかし、二、三週間後にはもとのもくあみ。ブタ草の駆除にダイズの場合は〇・五ヘクタールあたり三〇ドル、ワタの場合は七〇ドルの経費がかかり、収穫量も減った。

モンサント社はラウンドアップのみを使用することの弊害を認め、農家に〇・五ヘクタールあたり一二ドル返還する措置を受け入れながらも、三〇〇種の雑草に有効な自社製品のメリットについては一歩もゆずらない。

一〇月一九日付『ル・モンド』のルポルタージュを紹介した。そもそも除草剤の有効性うんぬん以前に遺伝子組み換え作物の問題性があるのではないだろうか。同記事によると、ラウンドアップ・レディ遺伝子組み換え作物は、中国やアルゼンチン、ブラジル、カナダを含む約一五カ国で栽培されているという。日本はどうなのか。

パンドラの箱を開けた？

2011.01

一八六六年、九人のフランス人宣教師が殺害された報復として、ソウル西方の江華島に攻め込んだフランス帝国海兵隊がある寺院から略奪して持ち帰ったあと、フランス国立図書館で眠っていた十七、八世紀の王宮古文書二九七部を、一九九一年、韓国人女性研究者が再発見した。それ以後韓国政府は返還を要求し続けた。一九九三年、ミッテラン大統領はフランス高速鉄道ＴＧＶの韓国への導入と引き替えに返還することを約束した。二〇〇四年、ソウルから釜山まで高速鉄道ＫＴＸが開通したが、古文書は戻らなかった。

二〇一〇年一一月、主要二〇カ国・地域首脳会議で訪韓したサルコジ大統領は、返還するのではないが、五年間を期限に貸与する、五年ごとに貸与契約を更新することを約束した。そして「これらの古文書は韓国のアイデンティティにかかわる文書である。約束は守る」とかっこよく言明（『ル・モンド』二〇年一一月一三日付）。めでたく一件落着と思いきや、フランス国立図書館員二八四名が署名した抗議声明が出た（二五日付）。

国の所蔵品として登録された物品は譲渡できないという、革命期に確立された、そして二〇〇二年の博物（美術）館法で明文化された鉄則に違反する、この法の適用を排除するためには、国会の議決が必要だが、大統領はまるで自分の私物であるかのように処理した、という。

大統領は「国のアイデンティティ」vs「普遍的遺産」なる基準を導入した。前者は返還、後者はその要なしと言うが、個々の所蔵品についてすっぱり区別できるのか。国立図書館では韓国の古文書も普遍的遺産として適切に管理し、研究者に公開している。

大統領の今回の処理はパンドラの箱を開けてしまったのでは？　弱体化して声高な主張ができないギリシアはともかく、意気軒昂な韓国、中国、南米諸国、エジプトが次々に返還を求めてきたら？

「うっかり歴史を反省したりすると、フランスの博物（美術）館の所蔵品の三分の一はなくなってしまう」というある専門家の言には、本音のひびきがある。

世界の五大紙誌

2011.02

昨年秋、機密情報暴露サイト「ウィキリークス」は入手したアメリカ国務省の二五万点あまりの外交公電を四つの日刊紙、ザ・ガーディアン（英）、ザ・ニューヨーク・タイムズ（米）、エル・パイス（スペイン）、ル・モンド（仏）と、週刊誌デア・シュピーゲル（独）に提供した。五社は「透明性と良識は両立しうる」との立場から、アメリカの二七〇の在外公館が国務省に送ったメモの内容を報道することはジャーナリズムの「使命」であると判断した。一二〇名の記者を動員して、二〇〇四―一〇年の公電のなかから重要なものを選別・分析し、まとめた記事を昨年一一月二八日から掲載し始めた。ル・モンドの場合だと、連日数ページを費やして、世界各国・地域の政治・軍事・社会状況、諸国・諸地域間の関係などについてのアメリカ外交官の見解を詳しく伝えている。

この成り行きについて、わたしの見ている日本の新聞は、社説で、情報公開の是非は「公益の重さを中心に判断するべきである」と分かりきったお説教をたれる一方で、日本外務省の元情報分析官に「《極秘》水増し外交公電」「一方的、事実誤認も」「公開情報も機密扱い」「成果主義、背後で作用」などと言わせて、けちをつけている。

これはまったくのウソである。わたしにも内容を採点できる情報についてみると、アメリカの外交官は実に詳細かつ的確にフランスの政治・社会状況を分析していて、その有能ぶりに感心した。日本からの客の接遇に追われて、現地の政治家・経済人・知識人・ジャーナリストと親密につきあうヒマなどないとこぼす日本の外交官、しっかりしてほしい。

ウィキリークスに相手にされなかった日本のメディアは、せめて、五大紙誌が掲載した記事を翻訳して読者に提供すべきでは？　また、アメリカの外交官が日本をどう見ているか、日本のどんな政治家・経済人・大学教授・ジャーナリストが在京のアメリカ大使館に出入りし、どんなことを語っているかを調べて公表すべきでは？

（本稿執筆は一月三日）

メディアの豹変

2011.03

昨年の一二月一七日、チュニジアの人口一〇万人の地方都市で、大学進学をあきらめ、母親、三人の姉妹、二人の弟を養うために野菜・果物を路上で売っていた青年が、無許可営業を理由に商品を没収され、女性警察官に平手打ちされた。これに抗議して、市役所前で焼身自殺をくわだて、一月五日に死亡した（プラハの春のヤン・パラフが想起される）。これが発端となって、首都チュニスをはじめ全国で民衆が立ち上がり、一月一四日、ベン＝アリ大統領はサウジ・アラビアに逃亡。二三年間の独裁政権が瓦解した。

ここにいたって慌てたのが新聞・ラジオ・テレビ。もちろんチュニジアには出版・報道・言論の自由は存在しなかった。体制に批判的な政治家、作家、映画人、ジャーナリストは投獄されたり国外追放されたり、いずれにせよ表現の手段を奪われてきた。警察とおなじく報道機関はすべて独裁政権の番犬の役割を果たしてきた。「国の安定」と大統領への「国民の心服」をうたいあげてきた。国家元首の写真を毎日のように掲げ、その片言隻句を「壮大なビジョン」「人間的な包容力」の表れとたたえてきた。体制に批判的な内外の機関・個人に罵詈讒謗を浴びせてきた。

それが一夜にして一八〇度の転換。大統領の国外逃亡に涙した女性キャスターが、その翌日には、ずっと以前から革命のミリタントであったような顔をしてデモを賛美している。有力紙が「われわれはみな卑怯者だった」と「心底からの悔恨」を表明し、一転して市民の行動を持ち上げ、その声を伝える。いや、新聞社やテレビ局では現場の記者や技術者、職員からなる刷新委員会が編集権を掌握する動きも広がっている。

『ル・モンド』(一月二五日付)の特集記事を紹介した。

これは、ひとごとでない。わたしたちの世代は報道機関の豹変を二度経験した。最初はもちろん一九四五年八月一五日の前と後。「鬼畜米英」がアメリカさまさまになった。二回目は一九六〇年五月一七日の七新聞社共同宣言……。

貧すれば鈍する（？）

2011.04

ＬＳＥは経済学、社会科学の名門校ロンドン・スクール・オブ・エコノミクスの略号。そのＬＳＥがいま、リビアン・スクール・オブ・エコノミクスと揶揄されている（『ル・モンド』二月二四日／三月二日付）。

二月二一日未明、リビアの独裁者カダフィの息子のひとり、サイフ＝アリスラム（三十八歳）が、蜂起した反体制派をテレビで「血の海になるぞ」と脅したからである。

サイフ＝アリスラムは「イスラムの剣」という意味だそうだが、なんとＬＳＥに数年間在学し、二〇〇九年にPh.Dの学位を授与されているのである。論文のタイトルは「グローバル・ガバナンス諸制度の民主化過程における市民社会の役割――〝ソフトパワー〟から集合的決定へ」であると！　そのうえ、彼は自分が総裁を務める財団から一五〇万ポンド（約二億円）を寄付することを約束していて、すでに三〇万ポンドを「人権・女性と発展・市民社会と民主主義・経済の多様化」という研究を援助するため払い込んでいるとのこと。

慌てた大学当局は二月二二日、「大学が掲げている、また本人に教えたはずの民主主義の諸価値を擁護しない」男からはもはや一文も受け取らない、これまで受託してきたリビアの公務員研修を中止する、リビアの政府系ファンドへのコンサルティング業務を中止するという声明を発表した。かえってこれまでの縁の深さをうかがわせるような声明である。

実は、四つの階段教室、一六の大教室、ロンドン旧市街を見晴らすカフェ・テラスを備えたニュー・アカデミック・ビルディングというLSEの最新の建物もアラブ首長国連邦の中核アブダビの王太子の資金援助でできたのだという。

誇り高きジェントルマンシップのはずの英国。貧すれば鈍するか？　それとも、十二世紀からの伝統を誇るオックスフォードとケンブリッジに比べると、LSEは一八九五年創立と歴史の浅い新興大学。また、市場主義のハイエクが教えた、あるいは第三の道のギデンズが教える大学。金にかんして脇の甘い体質、ということなのだろうか。

原子力ロビー

2011.05

『ル・モンド』のフィリップ・メスメール記者は福島原発事故後かなり早くから（三月一九日付。また二七／二八日付）日本における原子力ロビー、すなわち原発推進のための政官産複合体の実態を分析している。その要点を紹介する。

①このロビーの中核は経済産業省（もと通産省）。国のエネルギー独立確保を錦の御旗に積極的な原子力政策を推進している。

②原子力安全・保安院を含む経産省からの天下り官僚が政府と電力業界の意思疎通を緊密かつ容易にしている。

③経産省と電力業界（電気事業連合会）の広報機関のひとつが社団法人日本原子力産業協会。「原発は絶対に安全」という国民的コンセンサスを醸成することを任務としている。

④電力各社は多大な利益の一部を原発建設予定地の自治体を懐柔するために使っている。
⑤二〇〇九年の政権交代は大きな変化をもたらさなかった。民主党を支える日本労働組合総連合会はまさに電力会社の組合が中核になっているからである。
⑥テレビや新聞は電力各社からの広告収入に大きく依存している。記者たちは経産省の記者クラブに所属しており、官僚と親密である。また相互に規制し合っている。事故やデータの隠蔽・改ざん等のスキャンダルが起こっても取り上げない傾向がある。首根っこを押さえられてしまっているメディアが原子力発電を含む国のエネルギー政策を根底から問い直す論議を率先して提起する可能性はない。

メスメール記者は触れていないが、原子力ロビーの一角をなすのが「学」である。原子力安全委員会やその専門部会等に名を連ねる現・元大学教授の面々も「安全神話」の醸成に一役買っている。

「福島は水俣とおなじ」と思い当たる。強制避難のため住居を失い、仕事で、また健康で被害を受ける住民、事故現場で作業中に被曝した「ヒーロー」たちは、水俣の被害者とおなじく、孫子の代まで、国と東電を相手に長い艱難辛苦を強いられることになる。

（本稿執筆四月一日）

ならば水力か？

2011.06

国際大ダム会議（ＩＣＯＬＤ）というＮＧＯによると、世界には三万三〇〇〇の大ダムが存在する。実際には五万と推定される。「大ダム」（large dam/grand barrage）とは一五メートル以上の高さのダム、あるいは高さ五―一五メートルで容量が三〇〇万立方メートルのダムのことである。フクシマがダム建設ラッシュに拍車をかけている。二〇五〇年までには現在の二倍の数になるであろう。途上国の人口増と都市への集中は灌漑用水・産業用水の需要増をもたらす。それと平行して電力の需要が飛躍的に増える。火力と原子力の他となると水力しかない。風力発電と太陽光発電は現状では微々たるもの。水力発電は電力全体の二〇％、再生可能資源利用の電力の八〇％を占めている。先進諸国は飽和状態だが、中国とインドは毎年、二〇〇のダムを建設している。ブラジル、トルコ、イラン、ロシアがこれに次ぐ。いずれは、アフリカ諸国もダム建設に邁進するであろう。

だが、水力電気かならずしもクリーン・エネルギーでない。

まず、ダム建設は多くの人々の強制移住をともなう。世界自然保護基金（WWF）によると、これまでに四〇〇〇―八〇〇〇万人の人々が移住させられた。とくにアマゾン地域では原住民族が犠牲になっている。

温暖化へのマイナス効果もある。広大な森林が消滅する。また、たしかに水力発電は温室効果ガスを排出しないが、ダム湖の植物が腐敗すると二酸化炭素、とくにメタンガスが発生する。これは熱帯の浅いダム湖で顕著である。このガスは二酸化炭素の二五倍の温暖化効果をもつ。

自然環境への影響も軽視できない。ダム下流では沈積物が減少するから沿岸の浸食が進み、川の形が変わる。水流の様相変化により、魚の数と種が減る。とくに回遊魚が被害を受ける。

放水路をつくる、沈積物を除去する、水量を調節する、魚の通路をつくる、タービンを改良するなど技術的対策はある。それが実行されるかどうかが「人災」防止の鍵である。『ル・モンド』（四月一九日付）の記事を紹介した。

イスラエルの「義人」

2011.07

五月一九日、オバマ大統領は、国連の諸決議を遵守しパレスチナ国家設立を推進するようイスラエル政府にうながした（『ル・モンド』五月二一日付）。五日後の二四日、イスラエルのネタニアフ首相はアメリカ上下両院総会で、この提案を拒否し、パレスチナ側が受け入れるはずのない条件を並べ立て、二六回のスタンディング・オヴェーションを浴びた（五月二六日付）。中東和平実現は近くない。

黒いひげを生やし、キッパ帽を被った二十八歳のイェフーダ・ショールは熱心なユダヤ教徒。二〇〇〇年九月に始まった第二次インティファーダ初期に兵役をともに経験した少数の仲間とともに、二〇〇四年三月、Breaking the Silence「沈黙を破る」というＮＧＯを立ち上げた。イスラエル軍がヨルダン川西岸地区、ガザ、東エルサレムで展開している軍事行動の実態を一般のイスラエル国民に広く認識させることを目的としている。インターネットを活用するかたわら、今年になって *Occupation des territoires. Témoignages de soldats isaéliens 2000-2010*『パレスチナ領土占領　イスラエル兵士の証言　二〇〇〇年―二〇一〇年』という本を出版した。一八〇人の兵士が、イスラエルの安全確保を口実に、パレスチナ人にたいして加えられる日常的な抑圧、侮辱、暴力をこもごも証言している。イスラエル軍の行動の根底には「男も女も、すべてのパレスチナ人は疑わしい。イスラエル軍とイスラエル市民に対する脅威だ」という考えがひそんでいる、と言う（四月一〇／一一日付）。

Boycott-Désinvestissement-Sanctions「ボイコット－投資引き揚げ－制裁」という運動もある。世界各国の一七二団体が参加している。パレスチナ国家設立を支援するため、イスラエル政府に政治的・経済的・学術的・文化的圧力をかけることを目的としている。これに参加しているイスラエルの民間人もいる（二〇年一一月一八日付）。

ナチスによるホロコーストのなか、危険を顧みずユダヤ人を救った人々（たとえば杉原千畝）をイスラエル政府は「義人」として顕彰している。イスラエルの「義人」たちの和平への努力が実ることを切に祈る。

イタリアのタハリール広場

2011.08

六月一二／一三日におこなわれたイタリアの国民投票を『ル・モンド』（六月一五日付）の社説はベルルスコーニ首相に国民がくらわした「痛烈な平手打ち」と評した。

ベルルスコーニ氏は一九三六年、ミラノ生まれ。ここを拠点にまず建設業で成功し、新聞、出版、テレビに進出して一大メディア帝国を築き上げ、イタリア第一の富豪になった。その頃から脱税、贈賄等のスキャンダルが絶えなかった。政界に進出したのも、政権を取って司法を抑え込むのが目的だったと言われている。一九九四―九五年、二〇〇一―六年に続いて、二〇〇八年五月から第三次内閣を率いている。

今回の国民投票は四つの法律を廃止するか否かをめぐっておこなわれた。そのうちふたつは水道民営化に関する法。ひとつは新たに四つの原発を建設する法。もうひとつは大臣および首相はその任期中は裁判所に出頭する必要はないとする法。ベルルスコーニ氏は現在、①贈賄、②脱税、③権力乱用・未成年者買春の容疑でミラノ裁判所に起訴されているのである！

国民投票は投票率五七％で成立。四つの法はいずれも九四―九六％の賛成で廃止された。「時代が変わった」と評された。

その意味は？

首相が所有する公共・民間テレビ局、新聞は国民投票成立に必要な投票率五〇％を阻止するため、ほとんどこの問題を取り上げず、投票日を間違えて（？）報じたテレビ局もあった。「ベルルスコーニ、ネット（＝クモの巣）に捕らえられる」という見出しの記事（六月一六日付）によると、反政権派の市民たちはベルルスコーニ氏が牛耳るテレビを相手にせず、ブログ、ツイッター、フェイスブックを介して、情報交換、資料の分析・比較・論評をおこなうと同時に、投票呼びかけキャンペーンを展開したという。インターネットにまったく無知なベルルスコーニ氏は「そんなものに投資して儲かるのか？」と一文も投資してこなかった。「時代が変わった」ことが読み取れなかった。「エジプト・カイロのタハリール広場の役割をイタリアではネットが果たした」。

どこにいく　アメリカ

2011.09

アメリカが債務不履行に陥る八月二日のデッドラインが迫って世界中がやきもきしていたとき、『ル・モンド』のニューヨーク駐在S・シペル記者が書いた「ノーベル賞をもらった？　無能だよ！」と題する記事（六月二二日付）を紹介する。

二〇一〇年四月、オバマ大統領は、アメリカの中央銀行である連邦準備制度（Fed）の七名の理事のひとりとしてピーター・ダイヤモンド（一九四〇年生まれ）をノミネートした。ダイヤモンド氏はかの名だたるマサチューセッツ工科大学（MIT）の教授。しかも、まさにその年の一〇月、ノーベル経済学賞を受賞したひとである。ところがこの人事は共和党の反対で上院の承認を得られなかった。アラバマ州選出の反知識人ポピュリスト政治家シェルビー議員が先頭に立って執拗に反対したからである。「ダイヤモンド氏は金融政策でどんな経験があるのか？　ゼロだ。氏の研究業績はもっぱら年金と労働市場の問題ではないか」。

しかしＦｅｄ設置法は、Ｆｅｄの目的として「最大限の就業率、物価の安定、低率の長期金利」を掲げている。つまり、雇用を守ることは準備制度の最優先の任務なのである。ノーベル賞選考委員会によれば、ダイヤモンド氏への授賞理由は「経済政策はどのように失業に影響するか」の問題を深く研究したこと……。

オバマ大統領は二〇一〇年の九月と今年一月にダイヤモンド氏の任命を再提案したが、共和党の回答はノー。ダイヤモンド氏は六月初め『ニューヨーク・タイムズ』紙に公開状を寄せ、Ｆｅｄ理事就任を断念する意思を表明。そして準備制度の金融政策を政治的思惑で左右し、金融機関を規制する権限を制限しようとする企てに対しＦｅｄの独立を守る必要を訴えた。

共和党がダイヤモンド氏の「無能」「不適格」を連呼した本当の理由は、市場に対するいっさいの規制と、富裕層に対する増税とを阻止することである。Ｆｅｄだけでなく、その他の規制機関の人事も停滞し、骨抜きにされたりしている。

来年の大統領選を控えて、アメリカ政界の混戦が激しくなりそうだ。

国際政治の現実

2011.10

リビアの首都制圧は「国際協力の勝利である。フランスとイギリスはこの勝利のために最大の貢献をした。三月中旬、ベンガジの反政府勢力はフランスの空爆とアメリカのミサイル攻撃でかろうじて粉砕をまぬがれることができた。リビアへの軍事介入は、かつてのルワンダやボスニアにおけるような民間人の大量虐殺の再発を阻止するために国連がさだめた「保護責任」という原則を国際社会がはじめて実行した事例である。民主主義の諸価値が危機にさらされていたのであるから、カダフィ政権軍の予想外の抵抗と反政府勢力の軍事的未熟さのために泥沼化が危惧されたときでも、フランスとイギリスがその努力を中断しなかったのは正しかった。アメリカはより距離を置いた対応であったが、不可欠な支援（情報、弾薬・物資、無人小型飛行機「ドローン」の提供）をおこなった。この支援がなければ作戦の帰趨はより不確かなものになっていたであろう」。

リビア情勢が急転して以来、『ル・モンド』は連日数ページをついやして詳報していたが、その冒頭の八月二三日付社説の一部を訳出した。

「リビア泥沼化 停戦を急げ 市民を守れ」。わたしの見ている日本の新聞の七月一九日付社説のタイトルである。本文では「不毛な戦闘は犠牲者を増やし、混迷を深めるばかり。ここはすべての勢力が行きがかりを捨て、市民の安全を守るために停戦を急ぐべきである」。八月二三日付社説のタイトルは「リビア カダフィ後への支援を」。本文では「六カ月にわたり抵抗を続けてきた反体制勢力の粘り強さに敬意を表したい。リビアでの動きは「アラブの春」の大きな進展である。(…)アラブ・中東では、ほかにも非民主的な政治や体制がはびこっており、民主化を求める動きへの追い風となるだろう」。そして結びは「日本を含む(ママ)国際社会の支援が求められる」。

目を疑った。何もしてこなかった国が「支援」にかかわりうるのだろうか? 日本の新聞を読んでいるだけでは国際政治のなまの現実を知ることはできない。

キューバ　ベトナム

2011.11

ことし八十五歳のフィデル・カストロに代わって、八十歳の弟、ラウル・カストロが二〇〇八年から国家評議会議長として君臨しているキューバ。〇三年に長期刑を宣告されて投獄されていた政治犯たちが一〇年に釈放されたが、反体制派に対する弾圧は止まない。ただしその方法が変わった。逮捕や短期拘留を多用する。共産党や治安当局がその手先を使って反体制活動家を襲撃させる。ことし一月から八月のあいだに、二二二一人が法的手続きを経ずに、逮捕・拘留された。この数字は一〇年同期のそれの倍である。八月二三、二四日には、ハバナの中心部で、自由を求めてデモをする女性たちが観光客の目の前で警察車両に次々に放り込まれた。知識人、美術家、芸能人への圧力も強化され、国外旅行を禁止されたり、イベントを中止させられたり、会場を閉鎖されたりしている。外国メディアも目の敵にされている。滞在許可証の更新や交付を拒否される記者が出ている。二〇年前からキューバに住み、妻はキューバ人、子どもも二人いるスペインの『エル・パイス』紙の記者も活動を禁止された。

一九八六年、ドイモイ（刷新）路線を採用して以来、とくにここ数年、経済発展いちじるしいベトナム。アメリカの人権団体ヒューマン・ライツ・ウォッチが、九月七日、「人間矯正列島——ベトナム南部の麻薬常習者収容所における強制労働と虐待」と題する一二六ページに及ぶ報告書を公表した。強制的あるいは自発的に入所した麻薬常習者たちはまともな治療を受けることなしに、強制労働に服させられ、規則違反者には拷問さえも加えられている。麻薬常習者だけでなく、「非社会的分子」も収容されているこの種の「強制労働キャンプ」が国内に一二三カ所存在する。

九月九日付の『ル・モンド』に載っていたふたつの記事を紹介した。

共産主義と民主主義が水と油の関係であることは二十世紀の歴史が証明した。中国、北朝鮮、そしてキューバ、ベトナム。これら一党独裁の国にもいつか「アラブの春」が訪れるのだろうか。

どうなる　南極

2011.12

一九九一年にマドリッドで四八カ国が調印し、七年後に発効した「環境保護に関する南極条約議定書」は南極を「平和と科学に献じられた保護自然地」とすることを目的とし、地下資源の探査と利用をいっさい禁止している。ところがことし六月にブエノスアイレスで開催された南極条約第三四回協議国会議でロシアは「南極大陸および周辺海域で鉱物資源（炭化水素）およびその他の自然資源に関する総合的な探査」を二〇二〇年以降長期的に展開する、と言明した。マドリッド議定書そのものを否定するロシアの方針に他の諸国が反応しないのが驚きだが、これは深刻な事態を招く怖れがある。

①南極条約は領有権を主張する七カ国（アルゼンチン、オーストラリア、ニュージーランド、チリ、ノルウェー、フランス、イギリス）の主張を凍結してきたのだが、この地政学的均衡が崩れる可能

性がある。

②資源探査競争が始まったら、中国、インド、ブラジル、南アフリカなど新興国がどう出るか。特に中国は南極進出を強化している。新たに設置したクンルン基地は大陸全体のすべての国々の基地を見下ろす四〇〇〇メートルの高地にある。象徴的意味は大きいが、科学研究の観点からはあまり意味がない。オーストラリアが領有権を主張している区域にあるこの基地の入り口には「ようこそ中国へ！」という歓迎のことばが掲げられている。

③マドリッド議定書締結の主要な目的のひとつは地球温暖化防止だった。環境問題はいまEU諸国の信用危機という目先の問題に隠れて関心が薄れている。しかし、信用危機の問題はまさに、大気汚染を放置すれば、地球はいずれどんな債務を負うことになるかを教えている。

一〇月二三／二四日付『ル・モンド』の社説と六面の記事の内容を紹介した。

ことしで七〇億人となった人類。北極はすでに開発競争の場。残された最後の大陸、南極までをも食いつぶしてしまうのであろうか？

こういう問題でこそ、日本政府は骨太な方針を打ち出し、したたかなリーダーシップを発揮してもらいたいものだ。

原発推進を突破口に！

2012.01

ことし五月に迫ったフランス大統領選。社会党のフランソワ・オランド候補は、脱原発など念頭になかったが、決選投票で支持を得る必要から、二〇二五年までに電力生産の原発依存度を現在の七四％から五〇％に下げる、つまり五八基の原子炉のうち二四基を廃棄するという政策協定をヨーロッパ・エコロジー＝緑の党（ＥＥ－ＬＶ）と締結した。

「しめた！」と応じたのが、サルコジ現大統領と与党の国民運動連合（ＵＭＰ）。この問題でオランド候補を締め上げて国民の支持をえようとしている。その理屈はこうである。

①原子力部門は四〇万人の雇用を生み出しているが、その半分が失われる。

②フランスの原子力産業は競争力のある部門だが、その海外市場を失ってしまう。

③電気料金が五〇％高騰することにより国民の購買力が低下する。

④ 再生可能エネルギーはコストの関係でエネルギー総量の二〇%を超ええないから、火力発電に頼ることになる。つまり温暖化ガス排出につながる。

サルコジ大統領が強調するのはこのような目先の利害のみではない。原子力廃棄は「進歩」そのものの否定、「ろうそくの時代への逆戻り」である。「原子力に背を向ければ、宇宙もロボットも自動車も問題だということになってしまうだろう」。「フランスの原子力産業は六五年の歴史をもっている。この選択をしたのはわたしではない。高い観点から国益を考えた、右も左もない国民的なコンセンサスであったのだ」。

もちろん社会党と緑の党はサルコジ氏の攻撃を古くさい原子力観にとらわれたデマゴギーとして反論した。原発依存度を下げる対策そのものが、また再生可能エネルギーの開発があらたな雇用を創出するし、省エネ対策が住宅産業や生活機器産業であらたな需要を生み出すなど、産業構造の転換をめざすべきなのだ、と(『ル・モンド』一一月二六日、二七/二八日付)。

五月、フランス国民がどのような判定をくだすか。フランスのみでない。EUのみでない。文明の未来を左右する選択である。

これは大変

2012.02

①四歳のコドモ六〇人を三つのグループに分ける。第一グループにはハイスピードのアニメを九分間見せる。第二グループには、おなじ時間、教育番組を見せる。第三グループには自由に絵を描かせる。その後で彼らの集中力や手先の器用さ、論理的能力を計るテストをおこなう。第一グループは他のグループに比べてはっきりと成績が落ちる。一番よいのは第三グループ。②三歳未満のコドモが一日一時間、商業テレビを見る。五年後に注意力が低下するリスクが倍加する。教育テレビの場合、この問題は発生しない。③二歳前にテレビを見ると、言語習得・認知諸能力の遅れにつながる。長じて学業成績に影響し、注意力が散漫になり、集中力が低下する。乳幼児期の経験は脳の構造化に持続的な影響を与える。④テレビは脳のみでなく、食生活など行動にも影響する。暴力的なコンテンツはコドモの暴力性を増大させる。暴力的なコン

テンツにはカタルシス効果があるという説は科学的に証明されていない。

テレビはオトナの健康にも影響する。

⑤二十五歳を過ぎた後、テレビを一日一時間見ると平均余命が二一・八分短くなる。二〇年間、一日三時間見ると、一年間短くなる。⑥一日二時間テレビを見るオトナは糖尿病のリスクが二〇％、心血疾患のリスクが一五％、死亡率が一三％増大する。⑦四十歳から五十九歳の間、一日一時間テレビを見るとアルツハイマー病になる可能性が四〇％増える。座って不動の姿勢、知的活動をしないということに関わりがある。

以上すべて、英米の著名大学の研究者たちが権威ある学術専門誌に査読を経て発表した疫学的調査の結果である。メディアが積極的に取り上げないので、一般には知られていない。

ずっと気になっていたので、昨年一〇月八日付『ル・モンド』の記事を紹介した。

日本でこの種の研究はおこなわれているのだろうか。テレビ局と深い結びつきがあるとしても、新聞はこの重大問題を真剣に取り上げるべきではないだろうか。携帯メディア依存症も拡大している。

「私のビジョンは欧州政治連合」

2012.03

「ヨーロッパは健在である。われわれの頭の中で。われわれの生活の中で。われわれの歴史の中で。われわれの文化の中で。そしてわれわれの経済の中で」。

『ザ・ガーディアン』(英)、『エル・パイス』(スペイン)、『ズュートドイチェ・ツァイトゥング』(独)、『ラ・スタンパ』(伊)、『ガゼタ・ウィボルツァ』(ポーランド)、そして『ル・モンド』。EUの六大国の中道左派の新聞が共同編集で定期的に発行することにしたEuropaという特集号第一号(一月二六日付)の冒頭で謳いあげられている。

広告のない一六ページのこの特集、なかなか読みでがある。サッカー、川船を住宅にしている人々、演劇、大学交流、ハイテク企業、加盟諸国間の移住者、学生の就職難、高齢者の生活、政治指導者の肖像。さらには各国のEU懐疑派や反EU主義党の動向なども詳しく伝えている。

イタリアの作家・記号論学者ウンベルト・エーコのインタビューもある。イギリスの社会学者アンソニー・ギデンズやスペインの元首相フェリーペ・ゴンザレス、ギリシアの作家ペトロス・マルカリスも寄稿している。

圧巻は、いまやEUの盟主となった観のあるドイツで、二〇〇五年以来の長期政権を率いる、そして「マダム・ヨーロッパ」「マダム・ビスマルク」「鉄の宰相」と称される、まだ五十七歳のメルケル首相のインタビュー。ギリシアなどの債務危機、それにともなう通貨危機を乗り越えるために、連帯と各国の責任を強調する一方、「いまやすべてがヨーロッパの内政問題になりました」「わたしのビジョンは欧州政治連合です」と力強く宣言している。「ヨーロッパは民主主義、人権、自由の理念、また固有の諸価値でその地域と世界に大きく貢献するものと確信しています」。

言論の自由が存在しない国とは無理だが、Europaのような特集号を韓国の新聞と組んで定期的に発行する日本の新聞があってもよいのではないだろうか。われわれが「日本海」と呼び、韓国の人たちが「(朝鮮)東海」と呼んでいる海が「地中海」になり、「東北アジア連邦」ができる夢を見つつ……。

スーダンの石油

2012.04

アフリカ大陸の多くの国で中国人が働いている。公式数字で八〇万人。実際にはもっと多いと推定される。リビア革命では三万五〇〇〇人余りの中国人労働者が国外避難を余儀なくされた。エジプトやエチオピアでも拉致事件が起きている。カメルーンでは現地住民とのいざこざも起きた。二月初め、スーダン南部で反政府勢力に拘束されていた二九人の労働者が、中国政府が派遣した要員による交渉の末、一一日ぶりに解放された。

南スーダンは二〇一一年七月にスーダンから独立した国である。石油資源が豊富で、一日四七万バレルの産油能力をもっている。ところがこの石油を輸出するためにはスーダンを横断して紅海に面するポート・スーダン港につうじるパイプラインを利用しなければならない。南スーダンの歳入の九八%は石油収入。スーダンにとっても主たる収入源。利益折半が原則だが、スーダンがバレルあたり国際平均の一〇倍もの単価を要求して緊張が高まり、南スーダンは一月二〇日、生産を中止してしまった。

ところでスーダンが産油国になったのはすべて中国のお蔭である（本稿執筆は三月二日）。一九八三年に始まった第二次内戦のさなかの九〇年代、厳重な警戒態勢のもと中国企業が南北の中間地帯の油田を開発し、道路とパイプラインを建設した。真偽はともかく、外部から遮断された現場に中国本土から減刑を条件に囚人を送り込み、住民を強制移住させた、原住民女性への暴行事件も多発したと噂された。いま中国の原油輸入量の五％はスーダンからである。

「スーダン　恐怖の石油」と題する『ル・モンド』（二月一〇日付）の記事を紹介した。

二月二〇日、国連平和維持活動（ＰＫＯ）の一翼を担って日本の自衛隊員約一二〇人が南スーダンに到着し、約五〇人の先遣隊と合流した。道路建設にあたる。

中国がＰＫＯに協力しているという話は読んだことがない。それどころか、ロシアとともに、スーダンに武器を売っているとアムネスティ・インターナショナルに非難されている（二月九日付）。

マスターはマスト

2012.05

『ル・モンド』は定期的に「大学とグランド・ゼコル」という特集を組む。この新聞、三五万前後の部数だが、購読者に子どもの教育に熱心な高学歴層、また大学教員、学生が多いからであろう。すこし古いが一月二五日付の一五ページに及ぶ特集のタイトルは« Un master, sinon rien !»。「修士、さもなければゼロ！」「最低限、修士！」といった意味である。

フランスでは大学入学資格認定の国家試験をバカロレア（baccalauréat 略して bac）という。大学三年間で学士号（licence）、さらに二年で修士号（master）を取得するので、学士号は« bac+3 »、修士号は« bac+5 »とも呼ばれている。

二〇一一年、五六万七〇〇〇人の学生が修士課程で学んでいる。二〇一五年には六〇万人を超えるであろう。ある調査によると高校生の一〇人に四人が« bac+5 »の取得を考えている。なぜか？いまや学士号だけでは就職が難しくなっているからである。特に将来、管理職をめざすなら、マスターはマストになりつつある。二〇一一年一二月現在、修士号取得者の九一％は職に就いている。そのうち八九％は管理職ないし中間職。

修士課程の二年間で、専門領域の理論的実践的知識を身につけ、修士論文の執筆をとおして情報の収集と総合、プレゼンテーションの技法を習得し多元的能力をそなえた、そして人間的にもより安定した人材を雇用することは企業にとって大きなメリットがある。

「教育の長期化によるコストはただでさえ赤字の国の財政負担を過重にすると危惧するのはまちがっている。老齢化が進むわれわれの社会を活性化するバネは若者によりよい教育を提供することである。イノベーションのカードを切り続けるつもりなら、それこそがもっとも効果的な投資である」。

日本の修士課程の在学者数は一五万人程度。欧米先進国との競争に遅れをとらないためには日本も修士課程を拡充すべきではないか。ただし、研究科・専攻の編成とカリキュラム、教育方法は抜本的に考え直さなければならないだろうが。

小切手外交からスポーツ外交へ

2012.06

「共産党中国がまだ抗いがたい経済・政治巨大国になっていない頃の話だが、国民党台湾はアフリカで《小切手外交》をやっていると非難されていた。無償・有償の資金協力、各種技術・建設協力を気前よく提供して諸国の支持を取り付けていた。しかし時代は変わった。今アフリカで中華民国を承認しているのは四カ国のみ。今年一月再選された馬英九総統はそのうち三カ国を歴訪したが、隣の大国を刺激しないように配慮して、より地味なスポーツ外交を採用した」。

「四月七日から一八日までの一二日間、六十一歳の《美丈夫》馬氏は自分の体を張ってスポーツ交流を実践すると同時に氏の国の資金で建設された施設を訪問して回った」。

「ガンビア（人口一八〇万人、ほぼ岐阜県の面積）では、台湾がつくった高校の運動場でヤヤ・ジャメ大統領とサッカーに興じた。ゴールシュートを競って勝った馬氏いわく《大切なのは友好です。勝ち負けはどうでもよいのです》」。

「実はその数日前、ウォーミングアップのためか、馬氏はやはりヤヤ・ジャメ氏（四十六歳）と腕立て伏せの一騎打ちを演じていたのである。これはきわめて外交的に引き分けで終わった。（…）アフリカに残る唯一の絶対君主国スワジランド王国（人口一一七万人、四国よりやや小）でも馬総統とムスワティ三世国王は一緒に二〇回の腕立て伏せをして胸筋を鍛えた」。

「台湾総統の奇妙なアフリカ歴訪」と題する『ル・モンド』（四月二五日付）の記事を紹介した。帰国した馬総統、国会の外交国防委員会で「エアロビクス外交」「まるでサーカス団の団長」だと野党の民進党から批判された。そのうえ、絶滅を危惧されているヒョウの毛皮をスワジランド国王からプレゼントとして受け取ったことで非難されている、という。

なにか切ない。しかし、なんと言っても台湾は民主主義国。当たり前のことを言って無法な迫害を受け、外国の大使館に逃げ込む必要はない。

頑張れ、台湾！

ピエロ外交？

2012.07

五月二〇／二一日、アフガニスタン戦争についてシカゴで開催された北大西洋条約機構（ＮＡＴＯ）首脳会議。フランスが新大統領の公約どおり今年末までに戦闘部隊を撤退させるのは別として、米・英・独などの総勢十数万の部隊は二〇一三年半ばに治安維持の権限をアフガン国軍と警察に委譲し、一四年末までに完全撤退することを決定した。

端的に言って、これは「潰走」débandade ではないか。段階的な工程表に見せかけた「完敗」fiasco ではないか。

「アフガニスタン・イスラム首長国」を名のるタリバンは「和解」réconciliation と「和平」paix を使い分けている。アメリカと和平を交渉する姿勢は見せても、カルザイ政権と和解する意志はない。高等和平協議会の議長、幹部を次々に殺害している。夏期攻勢の準備を進めている。

カルザイ政権をインド寄りと見ているパキスタンがタリバンを後押ししている。タリバンの司令部はパキスタン国内に置かれている。国境の部族地域はタリバンの後方基地になっている。パキスタン軍諜報部（ISI）の承認がないかぎり和平交渉は進展しない。

就任一〇年目を迎えたカルザイ大統領は自己の延命に汲々とする戦術家。自立的国家建設のビジョンをもつ戦略家ではない。またカルザイ政権中枢の腐敗は深刻である。国際社会からの財政支援を私物化する者たちに取り囲まれている。

カルザイ政権もタリバンも実はパシュトゥン族が主力。少数派（タジク族、ハザラ族、ウズベク族など）との対立が深まっている。

『ル・モンド』の関連記事（五月一八日付―六月一日付）の論点を要約した。

NATO加盟国でない日本の外務大臣がシカゴ会議に出席した。七月に東京でアフガン復興支援会議を開催し、アフガンの持続的発展の道筋をつける、と宣言した。すでに四〇億ドル（約三二〇〇億円）も援助したという。主要関係国は気前よい日本外交のお人好しぶりを冷笑しているのではないか。国会の外務委員会は大盤振る舞いの行方を検証すべきではないか。

ハイデルベルク・アッピール

2012.08

六月二〇―二二日、ブラジルのリオ・デ・ジャネイロ市で開催された「国連持続可能な開発会議」の略称は《Rio+20》。一九九二年、リオで開かれた「地球サミット」(環境と開発に関する国連会議)から二〇年目だからだ。

その地球サミット前日の九二年六月一日、「ハイデルベルク・アッピール」が発表された。会議に参加する諸国の元首・首相、各界の指導者に対し、「科学と産業の発展に反対する非理性的なイデオロギー」にとらわれている環境保護主義者たちへの警戒を呼びかけたものであった。

各国メディアが大きく報じた。数十人のノーベル賞受賞者を含む数百人の著名な科学者、経済学者、知識人が署名していたからである。ハンス・ベーテ(物理学賞)、ライナス・ポーリング（化学賞・平和賞）、イリヤ・プリゴジン（化学賞）、ジャン＝マリ・レーン（化学賞）、ピエール＝ジル・ド・ジェンヌ（物理学賞）、エリ・ヴィーゼル（平和賞）。ウンベルト・エーコの名もある。フランス人ではレイモン・バール（経済学）、ハルーン・タジエフ（火山学）、エルヴェ・ルブラ（人口学）、ヨネスコ（劇作家）。さらにはコレージュ・ド・フランス教授のマルク・フュマロリ（文芸史）。そしてピエール・ブルデュー！

翌九三年三月時点で署名者が二五〇〇人に増えたこのアッピールの延長線上で、「諸国政府に一連の問題に関して堅固な環境科学の成果を具申する」ことを目的とする「科学的エコロジー国際センター」がパリに設立され、定期的に国際シンポジウムを開催した。

ところがアメリカの裁判所に提出されたフィリップ・モリス社の内部文書から、このアッピールは始めから最後まで、アスベスト産業とタバコ産業のコンサルタントであるフランスの「経済社会コミュニケーションズ社」が仕組んだものであることが判明した。シンポジウムに参加した科学者たちは関連業界から研究費や顧問料をもらっている人たちだった。

六月一七／一八日付『ル・モンド』の記事を紹介した。

シェールガス革命？

2012.09

インターネット革命はアメリカに黄金の一九九〇年代をもたらしたが、シェールガス革命は新たな経済的・戦略的飛躍のきっかけとなりそうだ。ここ五、六年でアメリカは世界第一のガス生産国になった。二〇二〇年までにはエネルギー輸出国になるだろう。石油輸入への依存度が低下し、エネルギー生産コストも下がり続けている。安いエネルギーの魅力に惹かれて外国の製造産業が戻って来はじめている。ドル安の影響もあるが、貿易収支は立ち直りつつある。

シェールガス開発に警鐘をならす科学的研究結果もある。泥土と化学製品を水に混ぜて高圧で硬い頁岩（シェール）の隙間に注入して岩盤層を破壊する採掘技術（fracking = hydraulic fracturing）が環境破壊を（海洋採掘の場合は生態系破壊をも）もたらすという。アメリカ政府は開発基準を厳しくし、企業も技術の改良につとめている。

欧州はこの問題を避けて通れるだろうか？　これは経済的・戦略的問題であるだけではなく、哲学的・道徳的・政治的問題なのである。イノベーションにともなう諸リスクの問題、テクノロジーの進歩に対する一定の信頼の問題、産業革命に付きものであった問題なのである。

欧州連合は一致した立場をとっていない。一九八九年にソ連の桎梏から脱したハンガリーやポーランド、ウクライナのような国々はロシアのガスへの依存からも脱することをめざしてシェールガス開発を計画している。フランスは fracking の採掘技術を法律で禁止している。しかし試掘自体を禁止してしまったら、どうして知る・発明する・進歩することができようか？『ル・モンド』（七月二六日付）の社説の論旨を紹介した。この社説には驚かされた。社説も認めているように、直前の二〇日、「シェールガス開発が重大な環境破壊、健康への重大な影響なしにおこないうるとは世界中どこでも証明されていない以上、政府の方針に変更はない」と、デルフィヌ・バト環境相が言明しているからである。

父親の影――ミット・ロムニー

2012.10

一一月六日投票のアメリカ大統領選の共和党候補ミット・ロムニーは、二〇〇二年、女性が妊娠中絶を選ぶ権利、また同性愛者の権利を認めるリベラルな政策を掲げてマサチューセッツ州知事に当選した。二〇〇六年には州の住民すべてに健康保険加入を義務づける全米ではじめての「革命的」なシステムをつくった。アメリカなりの国民皆保険をめざす二〇一〇年の「オバマケア」のモデルをなすものであった。今回の大統領選の公約では中絶も同性愛者の結婚も認めない、オバマケアは廃止の公約を打ち出したので自陣営からも「風見鶏」「カメレオン」のレッテルを貼られている。

この背景には父親ジョージ・ロムニーの轍を踏むまいという強迫観念、尊崇する父親の屈辱を晴らそうという執念がある。両者は容姿だけでなく、モルモン教への心底からの帰依、生涯の伴侶と家族への献身的な愛情、父は自動車業界、息子は投資ファンドの分野で、それぞれ築き上げた巨万の富という点で共通している。

一九六八年大統領選をめざして共和党の予備選挙をニクソンと争っていたミシガン州知事ジョージ・ロムニーは、六七年八月、それまでの態度を覆し、民主党大統領ジョンソンが進めていたベトナムにおける軍事的エスカレーションに反対を表明し、軍幹部の言説を「洗脳」と批判した。「洗脳」とはベトナム解放戦線の捕虜になった米兵に加えられた過酷な扱いを指すことばだった。ロムニーは世論の支持を失い予備選から脱落した。

父はモルモン教宣教のためフランスに派遣されていた二十歳の息子に書き送った。「お父さんもお母さんもショックは受けていないよ。ほっとしているくらいだ。大統領になる野心は実現しなかったが、これでよかったと思っている」。

父が伝えたかったのは「信念は票の獲得よりも大切だ」ということだった。息子は逆に受け取った。票のためなら、信念はどうでもよい。状況に合わせて豹変するミット・ロムニーの姿勢は二十歳のときのトラウマに由来する。

『ル・モンド』(八月二六／二七日付)に載った長大な人物評伝の一部を紹介した。

「奇妙な」反日

2012.11

東シナ海における日中間の緊張は「ハイリスクな地域における危険なゲーム」だ。「日本政府が尖閣諸島（釣魚島）を《国有化》したことが中国の激怒の原因のようだが、これはむしろ、これらの島々が超国粋主義者に売却されるのを阻止し、事態を沈静化させるための措置だった」。「おそらく政権内部の権力闘争にかかわる理由から、中国政府は領土問題を口実にして主要な経済的パートナーである日本に対するキャンペーンを開始したのだ」。「こうした大仰な振る舞いは他の東南アジア諸国との間の領土問題で中国がとる攻撃的な態度と共通している。中国はこの地域全体に対する主権を主張し、主要大国の地位を固めようとしている。これを恐れる近隣諸国は同地域におけるもうひとつの大国である米国に庇護を求めている。太平洋はきわめて危険な戦略的対峙の場となっている」。

九月二一日付『ル・モンド』の「日本に対する中国の奇妙な怒り」L'étrange colère chinoise contre le Japon というタイトルの社説の一部である。

一九日付、二三／二四日付の記事ではデモの激化も沈静化もすべて当局が操作していること、『人民日報』が振りかざした経済制裁の「脅迫」も中国経済にブーメラン効果を及ぼすだけであるし、ひいては世界経済にも多大なマイナスであることを子細に報じていた。また、二五日付ではアジアの国際関係研究者であるV・ニケ氏が日本のみならず米国、東南アジア諸国に対する中国の戦略を鋭利に分析している。『ル・モンド・ディプロマティック』九月号は五ページを費やして、中国の地球規模での帝国主義的展開、アフリカへの新植民地主義的進出、エリート再生産の巨大なマシーンと化したシークレット・ワールド共産党の組織と運営、「人民解放」のマルクス主義に替わって「和諧社会」のイデオロギーとして復活した孔子思想を精確に論じている。

世界は中国を醒めた目で的確に観察している。日本も冷静に対処したい。中国が自由と民主主義の国になることを当の中国の心ある人々も願い行動している。

不気味なお金持ち　カタール

2012.12

面積約一万一〇〇〇平方キロ（秋田県よりやや狭い）、人口約一八〇万人の小国カタールは石油・ガス資源のおかげで一人当たり国民総生産世界第二位（二〇一一年。日本は一七位）のお金持ち国である。ハマド・ビン・ハリーファ・アール・サーニ首長とその一族が独裁的に統治している。

この国が数年前から政府系ファンドを介して国外、とくにフランスの大企業に積極的に投資している。Vinci（ゼネコン、第二株主）、Veolia（廃棄物処理、五%）、Lagardère（メディア・スポーツ・防衛、一三%）、Videndi（メディア・テレコム、二%）、Total（石油、二%）、LVMH（ルイ・ヴィトン、ディオール等、一%）。パリ中心部の一流ホテル（ロワイヤル・モンソー、コンコルド・ラファイエットなど）やオフィス・ビルも所有している。

とりわけ力を入れているのがスポーツ分野。二〇一一年、サッカーの名門チーム、パリ・サンジェルマン（PSG）を買収すると同時に、第一リーグのテレビ中継権を獲得した。日本馬オルフェーヴルが出馬して話題になった凱旋門賞はいまやカタール主催のレースである。サン＝ドニ市の国立サッカー競技場の経営権もカタールの手に渡ろうとしている。

こうしたなか、二〇一一年末、今度は、パリなど大都市周辺の移民居住地区の中小の起業プランに大使館が審査の上投資する、五〇〇〇万ユーロ（約五〇億円）のファンドの創設を提案した。フランスの経済政策に直接関与しようというのである。社会党政権は、政府も同額出資し、審査も経済省がおこなう形を提案して、前政権が遺した不気味な不発弾の信管を抜こうとしたが、右はもちろん左からも疑問と反対の声が続出。外国の資金援助を必要とするほどフランスは後進国なのか、カタールは「アラブの春」にかなり問題のある関わり方をしていた／いる、ファンドの資金がイスラム過激派に流れないか、などなど（『ル・モンド』一〇月九日付）。

一〇月下旬、宮城県女川港にカタールの資金援助を受けて完成した大型冷蔵庫をバックに、漁業関係者の笑顔と感謝の声を朝のテレビが伝えていた……。

国際養子縁組

2013.01

子どもを産むことができないので養子を迎えたいというカップルがフランスには二万五〇〇〇組いる。国内ではむずかしいから、外国の子どもを求める。二〇一二年、外国人の子ども一五〇〇人がフランス人家庭の養子になる（フランス人の子どもは六〇〇人）と推計されている。二〇〇五年は約四〇〇〇人。激減の理由はふたつある。

ひとつは子どもの出身国の多くが、「一九九三年国際養子縁組ハーグ条約」を批准したこと。子どもの健全な心理的発達を保証する目的で、親が養育を放棄した子どもはまず親族のもとにおかれるべきこと、それが不可能な場合は自国内で養親をさがすべきことを決めている。また、個人間のとりきめを禁止し、公的機関をとおすべきことを決めている。

ふたつめは、中国、ブラジル、ロシアなど、これまでの大手「供給国」が発展し中産階級の層が厚くなったこと。晩婚化がすすみ、養子をのぞむカップルが増えた。中国の場合、一人っ子政策が緩和され、養育を放棄される女の子の数が減った。また、子どもを金持ち国に提供するなど「国辱」だというナショナリズム感情も高まった。世界の医療団の担当責任者によると「いまや、健常な子どもを養子にすることは不可能になった」。障害のある子を引き受けることにすれば、最低六年間の待ち時間が短縮される可能性がある（以上、『ル・モンド』一〇月一四／一五日付）。

養親になるためには高学歴、高収入という条件をみたさなければならないから、教育熱心でもある。昨年成立した社会党政権の中小企業・イノベーション・デジタル経済担当相フルール・ペルラン女史（三十九歳）は生後六カ月で、エコロジスト政党のリーダーで上院議員のジャン＝ヴァンサン・プラセ氏（四十四歳）は七歳でフランス人家庭に引き取られた韓国人である。成功例であると同時に、韓国が貧しかった時代のシンボルでもある。

日本はハーグ条約を批准していない。そのため日本の子どもが高額の斡旋料と引き替えにアメリカ人家庭の養子になる事例も少なくないらしい。メディアは「調査」報道の対象にすべきではないだろうか。

ユナイテッド・ステイツ・オブ・マリファナ

2013.02

保守的なピューリタンのアメリカというステレオタイプをくつがえす現象がいくつも出現している。無神論者であることを公言する者が増え、多くの州で同性婚が公認されている。マリファナ合法化の動きは象徴的だ。二〇一二年一一月六日、コロラド州とワシントン州が住民投票でマリファナ使用を合法化した。

実はすでに、これら二州を含む一八州で、医療目的であればマリファナの使用は認められていた。公然と栽培され、医師の処方箋があれば自由に購入できた。コロラド州は住民の健康が優良であることで知られている州のひとつだが、特別許可証をもつ一〇万七〇〇〇人の「患者」がスターバックスの店舗よりも数多く存在する専門薬局でマリファナを自由に入手していた。その売上高は二〇一二年、二億ドルと推定されている。州当局の税収入も相当な額だった。

合法化以後は、タバコとおなじく公共の場では禁止、車の運転も制限付きだが、二十一歳以上の者なら自由に消費できる。大麻そのものの栽培・販売だけでなく、マリファナ入りのチョコレート、穀物、ホットドッグ、ドリンクのビジネスも活況を呈する気配だ。フィリップ・モリス社などタバコ会社も参入を狙っている。

国レベルではマリファナは禁止されている。しかし一〇月に実施された世論調査では五一％が合法化に賛成だった。一九七二年には賛成二〇％だったのと比べれば趨勢は明らかだ。法務省は、連邦法は州法に優先すると指摘はしたが、放任の姿勢らしい。世論調査では六四％が連邦政府の介入に反対している。第一、若い頃はマリファナをおおいに吸ったものだと、大統領に選出される以前、オバマ氏みずから公言していた！

以上、昨年一二月二七日付『ル・モンド』の記事「ユナイテッド・ステイツ・オブ・マリファナ」と三〇日付の記事「リバータリアンの波がアメリカを変えている」を紹介した。

マリファナ「風味」のケーキやドリンク、タバコを日本人旅行者が国内に持ち込むのを空港で阻止できるのだろうか。

ナイトメアライナー

2013.03

二〇一二年一二月一六／一七日付『ル・モンド』に「ボーイング、エアバスを追い越す」という長大な記事が載った。エアバス社は欧州航空・防衛・宇宙会社EADS傘下の航空機製造会社で、ボーイングの最大のライバル。二〇一二年度の受注、ボーイング一〇六八機に対し、エアバスは六四八機。五年間保った首位の座を奪われた。ボーイングの躍進は主として737MAX型のおかげだが、今後は新鋭機「ドリームライナー」787型が有力な武器となるだろう。

年が明けた一月九日付以降、連日のように発生するバッテリー・電気系統の過熱・発火、燃料漏れ、フロントガラスのひび割れ、ブレーキの不具合のニュース。一月一八日付の経済面全面を使った記事の見出しは「悪夢《ナイトメア》ライナーになった夢《ドリーム》ライナー」。

787型機のコンセプトは技術革新を駆使した低燃費化とオール電気化。そして外注化。同機の五〇％は複合材を使用している（一九九五年開発の777型機は一二％）。部品の七〇％は外国の五〇社が製造している。バッテリーの供給元、日本のＧＳユアサの株は暴落。翼を製造した三菱重工業は三・二四％、機体の素材、炭素繊維の提供元東レは四・一四％下げた。それぞれ一七機、七機を運航させていた全日空、日本航空の経営への影響は避けられない。

東京駐在メスメール記者の「耐空証明への疑問」と題する一月三〇日付記事は見逃せない。耐空証明というのは個々の航空機の強度・構造・性能を検査するテストだが、国土交通省は、787型機の導入を急ぐ全日空と日本航空、また製造に関与する諸企業の要請を容れて、二〇〇八年一〇月、耐空証明の基準を緩和した。二〇〇九年には、米国製航空機については米連邦航空局の基準で証明することで日米が合意し、二〇一一年、787型機は米国で証明された五日後に日本でも証明され、全日空に納入されたというのだ。

気がついたことのひとつ。日本の新聞は関係企業名を出さない（立ち入り調査があってはじめてＧＳユアサの名を出した）。

9・11後の世界

2013.04

ハイジャックされた「アラブの春」

今回のアルジェリア人質事件を北アフリカ諸国でここ数年のあいだに起こった出来事との連関で振り返ってみると、われわれはいま、九・一一を象徴的な起点とし、アメリカのアフガニスタン侵攻、イラク侵略と続き、さらに展開しつつある歴史過程に立ち会っているのだという思いを深くする。

ハイジャックはフランス語では détournement d'avion と言う。航空機を détourner すること、つまり「航路を変更させる」ことである。自由と民主主義、よりよい生活を求めて民衆が立ち上がった「アラブの春」はイスラム主義によってハイジャックされてしまった。

二〇一一年一月、警察の暴力に抗議して一青年が焼身自殺した事件をきっかけに人民が蜂起し、二三年間におよぶベン＝アリ独裁政権を打倒したチュニジア革命。合法化されたイスラム主義政党エンナハダが同年一〇月の選挙で第一党になり、政権の座についた。弾圧下にあってもイスラム主義者たちは日常生活や医療の分野で面倒を見ることで貧困層に支持を拡げていたのだ。しかし彼らが教育や文化・芸術、司法の分野でイスラム化を強制しはじめると世俗派市民の反撥が強まった。他方、エンナハダ党の党首ラシェド・ガンヌーシは二〇年間ロンドンで亡命生活、書記長で首相のハマディ・ジェバリは一六年間牢獄暮らしという事情が象徴するように、統治能力をもつ指導層が育成されなかった。今日にいたるまで憲法制定にも成功していない。鉱業生産や観光の不振、物価の上昇、特に若年失業者の増加、治安の悪化のなか、今年の二月六日には野党である民主愛国統一党の幹事長ショクリ・ベライドが暗殺された。続いて与党内の対立で首相も辞任する事態になった。後継の内相アリ・ライエドも一四年間牢獄で過ごしたエンナハダ党員である。政治的混迷は出口なしの様相である。

面積は日本の約五分の二、人口約一一〇〇万人のチュニジアに対し、面積日本の約二・六倍、人口約八三〇〇万人の大国エジプトはイスラエル、アメリカとも関係を結び、パレスチナ問題においても、イラク、スーダンなどの地域問題でも重要な役割を担ってきた。アラブ連盟本部もカイロにある。

チュニジア革命に触発されたエジプト人民は二〇一一年二月、ムバラク大統領を辞任に追い込み、三〇年間の独裁政治に終止符を打ったが、その後の経過はやはりイスラム勢力が主導権を握る事態になった。ムスリム同胞団は圧政下にあって、チュニジアのエンナハダとおなじく、全国に張り巡らされたネットワークをとおして日常生活面できめ細かく面倒をみることで貧困層に浸透していたのである。エジプトではサーベル vs 半月、戦車 vs モスク、マングース（毒蛇を殺す） vs コブラの対《つい》にたとえられる国軍とムスリム同胞団が、一九五二年のナセル政権成立以来、主要な二大政治勢力として対立してきた。二〇一二年六月、同胞団の政党、自由公正党党首モハメッド・モルシと軍部を代表するアーメッド・シャリークが大統領選を争い、モルシが勝利した。革命を推進したリベラル派・革命派はペスト（イスラム主義国家）かコレラ（旧体制の復活）かという想定外の選択を迫られた挙げ句、トンビにあぶらげをさらわれる憂き目をみた。国軍は経済活動にも巨大な権益をもっている。同胞団は政治、社会のイスラム化を狙う一方、経済ではネオ・リベラリズムを掲げている。この二大勢力が対立と妥協を繰り返しつつ、どう舵取りをしていくか、それに対して世俗派民主勢力と、経済不振とインフレと失業の増大のなかで力を増しつつある労働組合がどう対抗していくか。エジプトの過渡期は街頭の暴発をともなう混迷の渦中にある。

リビアでは、二〇一一年一〇月、カダフィ独裁政権が崩壊したが、これはフランス・イギリス・アメリカの直接的な軍事介入によって実現したものだった。二〇一二年九月のアメリカ総領事館襲撃事件はイスラム過激派勢力の残存を示したが、外国の軍事介入により持ち込まれた大量の武器は国内のみならず、マリやシリアなど国外に流出した。イエメンでの混迷はより深刻で、そのなかで「アラビア半島のアル・カイダ」ＡＱＡＰが勢力を伸ばしている。

アルジェリアの先例

実は二〇一一年一月、アルジェリアでもチュニジアに呼応する動きが数日間続いたのだが、すぐに制圧されてしまった。特徴的なのは、他の国ではデモ隊は「ベン＝アリ（ムバラク／カダフィ）打倒！」と叫んだが、アルジェリアでは民衆が連呼したのは《Système, dégage !》「体制打倒！」だった。アルジェリアを実際に支配しているのは、名目上は「国軍最高司令官」であり国防相を兼務するブーテフリカ大統領でなく、軍部であることを民衆は知っているからだ。一九六二年の独立以来、軍が国を支配している、しかしその顔は見えない、これがアルジェリアの「体制《システム》」である。

一九八六年、石油価格の大幅な下落、生活物資の不足と失業の増大を背景にイスラム救国戦線ＦＩＳが結成され、例のごとく福祉慈善活動をとおして庶民のあいだに支持を拡げていった。一九九一年一二月総選挙の第一回投票で四八％を獲得し、政権にアクセスする趨勢になった。翌年一月、軍が「民主的な」選挙過程を中止して戒厳令を敷き、大勢のイスラム主義者を逮捕拘禁した。救国戦線が武装蜂起して内戦になった。六万―一五万人の死者を出す「暗黒の一〇年間」である。この過程で多くの知識人、芸術家、ジャーナリストが暗殺されたが、これは国内外の世論に対してイスラム武装勢力の評判を落とすために過激派に潜入した軍諜報部がおこなった犯行と言われている。

一九九九年に選出されたブーテフリカ大統領が「国民的和解」という恩赦による宥和政策を打ち出し、パルチザンの社会復帰を許した。つまり、アルジェリア社会にはかなりの数の武闘派イスラム主義者が潜伏している。マリ軍事作戦のため、フランス空軍機のアルジェリア上空通過を無条件で許可したことで世論は政府（＝軍）を激しく批判した。天然ガス生産施設にゲリラの内通者がいたことはある意味で当然のことだった。事件の首謀者、モフタル・ベルモフタルも一九九一―九三年、アフガニスタンでソ連軍とその傀儡政権とたたかい、九三年アルジェリアに帰国後、救国戦線の武装組織のリーダーの一員になった男である。彼が所属した「布教と戦闘のためのサラフィスト集団」ＧＳＰＣがマリ北部に本拠を置く「イスラム・マグレブ諸国のアルカイダ」ＡＱＭＩになったのだ。人質事件のあとにもアルジェ南東の兵営をゲリラが襲う事件があったことが、政府・軍の箝口令にもかかわらず二月八日に暴露された。人質事件は起こるべくして起こった。

国の隅々までを鉄の枷で固めてきたはずのアルジェリア国軍にとって、イナメナスの事件はまさに「アルジェリアの九・一一」だった。以上のような歴史的背景を考えれば、三八人の外国人人質の人命を「最優先」することはありえなかった。ゲリラ三二人のうち三人は「捕獲」したが、のこりの全員を殺害した。

民族解放戦線（一九八九年まで単一政党だった）と軍部の特権層が富と権益の独占と強権支配を続けるかぎり、イスラム主義は庶民のあいだで支持を拡げていくだろう。そのかぎりで、さらなるテロ事件が起きる可能性はつねにある。

植民地旧宗主国という負い目のあるフランスがアルジェリア軍の対応に口出しできるはずがない。一月一一日、マリに軍事介入したフランスはすでに人質を取られている。その上さらに数カ国にまたがる多数の人質がマリ北部に拉致されていたら……、とひそかに胸をなでおろしたというのがフランス政府の本音である。

そもそもテロ事件はフランスにとってよそ事でない。ちょうど一年前の二〇一二年三月、南仏のモントーバンとトゥルーズで二十三歳のアルジェリア移民二世でイスラム原理主義に染まった男が兵士三人、社会人一人、ユダヤ人の子ども三人を射殺する事件を起こしている。いま現在、大都市周辺の貧困地区のアラブ系移民二世三世から、シリアやマリ北部に潜行して「聖戦」に参加する者たちがでている。治安当局はフランス国内でのテロへの警戒で神経をとがらせている。

リビア、マリとちがって、国連をはじめ国際社会が手をこまぬいて見ているほかない状況のシリア。遅かれ早かれアサド政権は倒れる。しかしそのあとの政治過程はアルカイダ、サラフィスト、ジハディストが介入して混乱をきわめることは必至である。

旧宗主国の責任

二〇一一年一月、チュニジアで反政府デモが盛り上がりつつあるなか、フランス外務相ミシェル・アリオ＝マリは議会で「フランス警察の治安維持能力は全世界で高く評価されている。そのノウハウは今回のような事態を解決するために有効なはずである」と述べ、チュニジア当局への援助を申し出た。実際、その翌日には、催涙弾のチュニジアへの輸出を認可して野党、メディアの激しい批判にさらされた。さらに、前年末、夫および両親とともに、ベン＝アリ一族と近い経済人に招待されてチュニジアでクリスマス休暇を過ごし、その間に両親が不動産取得の契約を結んでいたことがメディアに暴露され辞任に追い込まれた。

このスキャンダルはきわめて象徴的である。アフリカ諸国独立五〇年後の今も、フランスはマリ、セネガル、コートジボアール、ガボン、チャド、中央アフリカ、ジブチに軍を駐留させ、フランスのグローバル企業の権益とその従業員を中心とする在住フランス人の安全を保護している。それはまた、アフリカ諸国の腐敗した政権を保護する役割を果たしていることにもなる。「フランサフリック」Françafrique（France+Afrique）と称されるこのような癒着構造、大企業による地下資源の収奪を主とする経済関係を脱却し、諸国の経済社会基盤の強化、地場産業、農業、教育、医療厚生の充実向上を目的とする援助を推進しないかぎり、「テロリズムとのたたかい」は止むことがないだろう。英仏植民地帝国の利害と力関係で設定された国境とそれが生み出す民族紛争（たとえばトゥアレグ族はニジェール、マリ、ブルキナ、アルジェリア、リビアにまたがる地域に暮らしている）も、パン・アフリカ的規模で解決されなければならない。

マリへの軍事介入は「テロリズムに対する国際的なたたかい」だと主張しながら、国連やEUで軍事・財政面での積極的な支援をうることができないでいるのは、フランサフリックの疑念を拭いえていないからである。

文明の衝突？

二〇一一年五月二日、オバマ大統領は自国の特殊部隊がビン・ラディンを殺害する一部始終をホワイト・ハウスのテレビ画面で見守った。それから二年、アルカイダは殲滅されたどころか、アフガニスタン、パキスタン、シリア、マリ、イエメンなどに拡散している。民主化革命を実現したはずのアラブ諸国ではそれまで独裁政権によって押さえ込まれていたイスラム主義勢力が勢いを増し、社会全体に支配を拡げている。イスラム原理主義インターナショナルが形成されつつある観さえある。

「イスラム穏健派」islamistes modérés という表現は撞着語法 oxymoron だという見方がある。「イスラム主義」と「穏健派」は結びつきえない語だというのだ。事実、チュニジアのエンナハダにしても、エジプトのムスリム同胞団にしても、サラフィスト派やジハディスト派と一線を画する擬態を取りながら、彼らの民兵組織を、民主世俗派を威嚇・制圧する暴力装置として利用している、というのが真相だというのだ。

アラブ諸国の世論では、マリに介入したフランス軍は、アフガニスタン、イラクに侵攻した欧米諸国軍と同様、「十字軍」les croisés と敵意をもって呼ばれている。

文明の衝突と言うべきなのであろうか。

一九八〇年代後半に「政治的ターン」「倫理的ターン」を遂げたと言われたジャック・デリダ（一九三〇―二〇〇四）は「正義」「証言」「ホスピタリティ」「赦し」「偽誓」などを哲学的思索のテーマとするようになるが、同時に時局的問題にも積極的に発言するようになった。すでにハーバーマスと「九・一一という概念」について対話を続けていたが、最晩年には「ヤクザ国家」rogue State であるアメリカ、「原理主義的神権政治」のイスラム圏、経済面で「地政学的強大国」になりつつある中国の三極からなる世界構造のなかでヨーロッパが果たすべき役割を夢想した。植民地帝国主義、ナチズム、ジェノサイドの「闇の記憶」la mémoire nocturne にもかかわらず、ヨーロッパは「光明（啓蒙主義）の記憶」la mémoire des Lumières を受け継いで歴史を切り開かなければならない、というのだ。そのためにはアメリカの覇権主義の道具であることをやめさせるために国連本部をヨーロッパに移転し、アメリカの利害を越えて機能する国連軍の創設を提唱している（二〇〇四年五月八日、月刊紙『ル・モンド・ディプロマティック』創刊五〇年記念集会でおこなった講演「希望のヨーロッパ」が『環』別冊⑬『ジャック・デリダ』に収録されている）。

デリダの見方は文明の衝突史観の一変種である。デリダは二〇〇四年に死んだ。米国史上最低最悪の大統領のひとりであったブッシュ時代の終焉を見ることができなかった。とりわけ「アラブの春」に立ち会うことができなかった。

文明の衝突は起こらないだろう。

「アラブの春」はいま過渡期にある。イスラム蒙昧主義はかならずイスラム諸国の民衆の力によって内部から克服されるであろうからだ。ルネッサンス以降、西欧諸国は科学技術の発展と産業革命を経て世界を制覇したが、この動きの根幹にあったのは政教分離だった。キリスト教の現世支配を打破したからこそ、近代化に成功したのだ。十六世紀を最盛期として西アジア、北アフリカ、東ヨーロッパに版図を広げたオスマン帝国がイギリス、フランスの植民地帝国主義に敗退したのは、政と教を分離できなかったからである（ケマル・パシャの専制的でさえある統治のもと政教分離を果たしたトルコがイスラム国で唯一、近代化を達成できたことがこのことを裏付けている）。

ＩＴネットワークで世界の状況を同時進行的に把握しているアラブ諸国の若者たちはそのことを自覚している。「醜悪なるものをたたきつぶせ」Écrasez l'infâme ! は西欧の十八世紀啓蒙思想の精髄、普遍的メッセージを表現するスローガンだった。この「醜悪なるもの」とは、ヴォルテールにとっては「迷信」la superstition、「不寛容」l'intolérance のことであった。

ムスリム同胞団は「答えはイスラム」L'islam est la solution と貧困層の耳元でささやいて勢力を伸ばしてきた。しかし、卓越したアラブ・イスラム世界の研究者マクシム・ロダンソン（一九一五―二〇〇四）が言っている。

「イスラム原理主義は一時的な、過渡的な運動である。しかしなお、三〇年間、いや五〇年間続くかもしれない。……原理主義の体制が目に見える挫折を経験し、誰の目にも明らかな圧政に堕したとき、ひとびとはそれに代わる別の答えを見出すだろう」（『ル・モンド・ディプロマティック』二〇一三年二月号）。

二十一世紀の歴史過程の三極構造のひとつ、中国についても同じことが言えるだろう。この国における共産党独裁は始まってまだ六四年。ソ連では七四年続いた。あと一〇年あるが、歴史のリズムは加速している。

英仏植民地帝国の崩壊を見れば、アメリカの覇権も終末期にあることは目に見えている。セカンドクラスになった日本としては、アメリカの従属国の地位から脱し、世界史の進む方向に分相応の貢献をすることを考えるべきではないか。

（二〇一三年三月八日記）

（初出は『環』五三号、二〇一三年四月。タイトルを「文明の衝突？」から変更し、一部省略した――編集部）

ホテル・ママ・インタナショナル

2013.04

二十五―三十四歳のオトナでありながら親元に住み続ける者たちが増えている（『ル・モンド』二月六日付）。ヨーロッパ規模では男性三五％、女性二一％と性差があるが、世界的現象である。アメリカ、二一・六％（一九八〇年一一％、二〇〇〇年一五・八％）。フランス、一二％（二〇〇六年八％）。イギリス、最近二年間、一五―一七％（二〇〇八年以前一二―一三％）。ギリシア、ブルガリア、スロバキアはこの五年間に一〇ポイント上がって、いまや二人に一人。スペイン、イタリア、ポルトガルは四〇―五〇％。オーストラリア、カナダも事情はおなじ。「もちろん」（bien sûr）日本もそう。この国では二十五―三十四歳の二人に一人、それどころか三十五―四十四歳の一六％が親と同居している（二〇〇五年一二％）。

国によって「ブーメラン」「カンガルー」「ホテル・ママ」「留巣族」「パラサイト・シングル」

世代とさまざまに呼ばれるこれらの自立できないオトナは「タンギー」世代とは違う。タンギーは、フランス映画（二〇〇一年）の主人公、二十八歳になっても親元を離れようとしない大学院生だが、彼は居心地がよいから親元に留まり続けた。今日のパラサイトは「仕方なく」居候している。サブプライム危機以降の失業率の急激な上昇、学費の高騰、家賃の上昇、離婚・同棲解消の増加、不安定雇用、賃金低下などのために親元に留まる、あるいは戻るほかないのだ。

伝統的には、プロテスタントの北欧とアングロサクソン諸国は自立が早く、カトリックの南欧と南米では結婚するまで親元、フランスはその中間という構図だったが、今や、南欧でも南米でも、自分たち自身の高齢化した親と年取った子どもの面倒を見させられる「サンドイッチ世代」が悲鳴をあげ不満を募らせている。

歴史人口学者エマニュエル・トッドは、ネオ・リベラリズムのグローバル化のつけを家族に押しつけるのは間違い、このままでは、若い世代は志気を阻喪し（将来を展望できない）、少子化がますます進む（居候しながら結婚し子どもが産めるか？）と警告している。

塀の中の暗黒

2013.05

二月二一日、日本で三人の死刑囚が絞首刑を執行された。安倍晋三内閣が発足して二カ月後である。短命だった第一次安倍内閣の期間中、一〇人が処刑された。先進国で死刑が存続しているのはアメリカ、韓国、そして日本のみである。

日本には現在、一三四人の死刑囚がいる。史上最多の数字である。これらの人々は「死の廊下」に隔離され、何カ月も、いや何年も最後の日を待っている。毎日、明け方、彼らは廊下をやってくる看守の足音を数える。いつもより多ければ誰かが刑を執行されることを意味する。マサオ・アカホリは三一年間、毎朝、この戦慄を経験した末、再審の場で無罪を言い渡された。

一般に、日本の刑務所の生活条件は苛酷である。他の先進国の収容条件と比較して時代遅れな規律が敷かれている。一九〇八年制定の法律で管理されているのだ。「雑談禁止」「わき見禁止」の掲示。作業場、食堂は静粛の場である。グリーンの囚人服、サンダルにつば付きキャップの受刑者たちは一五分間の休憩時間と夕食後しか言葉を交わすことができない。前の者の後ろ首を見つめ、両腕を前後に振り、歩調を合わせて行進する。一日二回、身体検査がある。六〇日を超える独房隔離、手錠付き拘束胴着の使用などの制裁も科せられている。

刑務所以前の段階でも問題は少なくない。たとえば留置。二三日間、弁護士の立ち会いなしに被疑者を取り調べることができる。推定無罪の原則は尊重されていない。裁判はしばしば自白にもとづいておこなわれ、有罪判決が大半である。

日本政府は経済協力開発機構ＯＥＣＤ加盟国で最低の犯罪率を楯に死刑の存続と刑務所内の苛酷な規律を正当化している。他の諸国の刑務所で起こっている諸問題（暴動、麻薬使用、看守襲撃、喧嘩、脱獄など）がないのはそのためだ、という。

「日本の犯罪率の低さはたしかにうらやましい。しかし受刑者の人権を配慮しなくてよい、ということにはならない」。

三月二日付『ル・モンド』に載ったフィリップ・ポンス記者のコラムを紹介した。

存続を問われる王制

2013.06

四月三〇日、オランダで、一二三年ぶりに男性の国王が即位した。オラニエ＝ナッサウ家七代目ウィレム＝アレキサンダー（四十七歳）である。

一月二八日に退位と長男への譲位の意思を表明したベアトリックス女王の三三年間に及ぶ治世の最後の一〇年間は、極右政党党首ピム・フォールチュイン（二〇〇二年）とイスラム原理主義批判の言論を展開した映像作家テオ・ファン＝ゴッホ（二〇〇四年）の暗殺事件、小党乱立と左右両極政党の台頭、その結果としての度重なる政権交代、移民問題とイスラム教関係の問題、反ＥＵ感情の高まりなど不安定化要因を抱え込んだ。

若い頃はビール好き、パーティ好きのため「プリンス・ピルス」« Prince Pils »とあだ名されていた王太子は剛直で権威的な母親のもと影が薄い存在だったが、母親の強い反対を押し切って、アルゼンチンの「平民」で、しかもカトリック教徒であるマキシマ・ソレギエタと結婚した。女王が反対したもう一つの理由はマキシマの父親が、一九七六年にクーデタで政権を握った独裁者ホルヘ・ビデラ将軍のもとで農林大臣を務めた人物であること。父親は娘の結婚式（二〇〇二年）ばかりか、今回の戴冠式にも招待されなかった。しかし、金髪でグラマー、にこやかで親しみやすい、しかも完璧なオランダ語を話す王太子妃はオラニエ＝ナッサウ家の切り札になり、夫のイメージアップに貢献した。

ベアトリックス女王は組閣に介入するなど政治的役割を果たすことに積極的だったが、いまや象徴国王制というのが世論の大勢。「象徴としての役割は王位と不可分なもの、しかし内容をともなわない王位というものは想像できない」と新国王はかつて述べたという。だが、へたに政治に口を出すと、すでに不安定な国情、困った事態になりかねない。世論は王制の存続に賛成している。しかし、二つの議院の総議員三分の二以上が賛成すれば廃止できることになっている。

『ル・モンド』の記事「異議を唱えられる継承者」（五月二日付）と「栄光の退場」（四月三〇日付）を紹介した。

英語＝二十一世紀のラテン語

2013.07

フランスでは「トゥボン法」（一九九四年）で、教育の場で使用される言語はフランス語と定められている。しかしもうだいぶ前から、経済・経営学、工学系のグランド・エコルでは、また、大学の理学系の修士・博士課程では英語による講義・演習がごく普通におこなわれている。五月末に国民議会に提出され、七月に議決される予定の高等教育法（フィオラゾ法）に英語による講義の開設を認める条項がある。とたんに、工学系への入学資格条件の緩和、社会的格差による不平等の改善、大学の運営の民主化という諸条項はそっちのけで、例のごとく喧々囂々の議論がメディアで展開された。反対したのは哲学者、文学者、言語学者などで、「フランスはひとつの理念（イデー）だ。その理念は言語で表現される」「英米語帝国主義の植民地になってしまう」「自殺行為だ」とかしましい。

これに対し、ノーベル医学賞、物理学賞受賞者、数学のフィールズ賞受賞者を含む理系の学者たちが連名で支持の声明を発表した。いまや、科学研究の成果の発表は英語。国際シンポジウムの使用言語も英語。フランス人学生・研究者を英語で養成しなければ世界の孤児になってしまう。また、外国人留学生を増やすためには英語は必須。いまフランスには三〇万人の留学生がいて、アメリカ、イギリス、オーストラリア、ドイツに続いて五位だが、マグレブ、アフリカの旧植民地諸国からの学生が多く、韓国、インド、ブラジルなど新興国からは少ない。科学研究の国際競争に遅れを取らないためには高等教育機関に英語は不可欠である。デカルトの母語はフランス語、ライプニッツのそれはドイツ語、スピノザのそれはオランダ語。彼らの共通語はラテン語だった。英語は今日のラテン語である。

五月中旬以降の『ル・モンド』の一連の記事を紹介した。

日本語の壁があるから日本の大学の国際化はむずかしい。英語で準備した原稿を読み上げることはできても、そのあと、英語で自由自在に討論できる大学人はそれほど多くない。

「歴史を消し去ることはできない」

2013.08

ケニアは面積日本の約一・五倍、人口約四二〇〇万人の東アフリカの大国。一九六三年の独立までイギリスに植民地支配されてきた。

一九五二年、キユク族を主とするマウマウ団の反乱が起きた。植民地当局は非常事態を宣言。これは一九六〇年まで続いた。この間、白人入植者三二人がマウマウ団によって、一万―九万人のケニア人がイギリスの軍・警察によって殺害された。植民地当局はケニア人を①「ホワイト」（主として女子ども）、②「グレー」（マウマウの支持者、しかし非戦闘員）、③「ブラック」（戦闘員）に分類し、③はもちろん②も強制収容所に送った。その数、一六万人（そのなかにはオバマ大統領の祖父もいた）。収容所内では処刑（撲殺、焼殺）／拷問（首締め、水責め）／去勢／強姦、その他の虐待行為（食事を与えない、狭く不衛生な空間に多数を押し込める）が日常茶飯事だった。一九五一年、首相に復帰したチャーチルもマウマウ弾圧を奨励、すくなくとも黙認した。

二〇〇二年、五人の元マウマウ団員が謝罪と補償を求めてイギリスの高等法院に提訴した。しかしイギリス政府は法的責任を頑強に否定し続けた。ケニアで先例をつくれば他の元植民地に波及することを怖れたからである。しかし二〇一一年以降、収容所内の生々しい現実が子細に記されている当時の外務省公文書が次々に明らかになった。ついに今年六月六日、ヘイグ外務大臣は下院で拷問その他の残虐行為を認め、謝罪した。そして五二二八人の原告に二三五〇万ユーロの補償金を支払うことを受け容れた。植民地当局による残虐行為が頻発したイエメン、スワジランド、ガイアナ、キプロス、マレーシアの住民からも謝罪と補償を求める動きが出てくるかもしれない（以上『ル・モンド』六月一二日付）。

これより少し前、今年で八回目になる「奴隷売買・奴隷制度・それらの廃止の国の記念日」である五月一〇日、フランスのオランド大統領は式典で「歴史を消し去ることはできません」と述べた（五月一〇日付）。至言というべきか。

ＧＰＩＩとは？

2013.09

ルーマニア・ロジア＝モンタナの金鉱、スペイン・バスク地方の高速鉄道線、フランス・ノートルダム＝デ＝ランドの空港、イタリア・フィレンツェの地下を通す鉄道線、さらにはフランス・リヨンとイタリア・トリノをつなぐ高速鉄道線。これらの共通点は何か？

ＧＰＩＩ、すなわちGrands projets inutiles et imposés「無駄なのに強制された大プロジェクト」であること。ＥＵも出資するこれらの計画には整合性を失ってしまっているものもある。リヨン・トリノ線ではフランス側は実施が大幅に延期されたのにイタリアは国境のトンネル建設を進めようとしている。バスク高速鉄道もフランス側は二〇三〇年以前には工事は始まらないのにバスク州政府は着工を急いでいる。

これらの計画に反対する市民活動家数百人が、七月末、ドイツ・シュツットガルトで、第三回反ＧＰＩＩヨーロッパ・フォーラムを開いた。

なぜシュツットガルトか。数年前から住民が同市中央駅の改築計画に反対運動を展開しているからである。彼らを指す新語 Wutbürger「怒れる市民たち」は二〇一〇年の「今年の言葉」になった。

ルーマニアの場合、カナダの大鉱業会社が広大な露天掘り金鉱の開発権を取得した。政府だけでなく、事業主からの広告収入を享受しているメディアも支持していた。ロジア＝モンタナは人口わずか三〇〇〇人の小さな町だが、活動家と市民たちはカナダ企業をスポンサーにしているサッカーやラグビーのナショナルチームの試合で横断幕を掲げたり、著名な知識人・芸術家の支持を得て世論を喚起した。これに呼応して、スイスのチューリッヒで四月に欧州金鉱業フォーラムが開催された際にデモがおこなわれた。また、ドイツ・ミュンヘンで開催された保険会社の株主総会ではドイツの活動家がカナダ企業との契約を断念させた。

七月二八／二九日付『ル・モンド』の記事を紹介した。

ヨーロッパでは市民運動といった分野でも統合が進んでいる。

原発炉心にユビュ

2013.10

八月二五／二六日付『ル・モンド』の経済特集に「原発炉心にユビュ」というタイトルの論説が載っていた。ユビュというのはA・ジャリ（一八七三―一九〇七）が戯曲『国王ユビュ』*Ubu Roi* で作り出した、邪悪・強欲・冷血・卑劣・野卑、要するにグロテスクを体現する人物像で、この名から派生した形容詞 ubuesque「ユビュ的」は開いた口がふさがらない不条理かつ惨憺たる状況について使う。汚染水漏れなど緊急事態が次々と発生し、泥縄式対応に追われているのに、東電がいまだに上場されていて、経営陣が株主総会の年次報告で「廃炉作業と電力供給確保に邁進すると同時に、財務強化と利益産出のために経費削減に努める」などと両立しえないことを両立させる concilier l'inconciliable と脳天気に述べている、しかも今年に入って株価が投機的に上昇している、という状況が「ユビュ的」だという。

翌二七日付には「フクシマ、原子力への信頼を汚染」という論評が載っていた。事故後二年半のあいだ、「危機感を煽られる」alarmantと同時に「気の滅入る」déprimantニュースがフクシマから次から次へと伝わってくる。八月二二日、東電は太平洋に流出した汚染水は三〇兆ベクレルの放射性粒子（セシウムとストロンチウム）を含んでいると推定した。六月に再開された福島沖の漁業は九月から中止される。「気が滅入る」というのは、東電の隠蔽体質、原子力規制委員会の及び腰、事故機を除く四八基の原発再稼働と原発技術の輸出に熱意をもやす政府の態度ゆえである。中東訪問中、安倍首相は福島の事故から引き出した「教訓」を売り込みの根拠にした。現在の状況からすると、この根拠は薄弱であるばかりか不謹慎である。

「利潤は企業にとって掟である。しかし東京電力のように、人命を危険にさらしてまでも、ということではあるまい。汚染地域から追われた一五万人のひとびとがいまだに暫定的な住宅に暮らしている」。

東電や日本政府に注がれる世界の目はきびしい。

誰が被災者を苦しめているのか

2013.11

『ル・モンド』の一面に載る一コマの風刺画は社説とおなじ重みを持っている。作者はプランテュ（一九五一年生）。一九七二年からだから四〇年を超える。日本ではいざ知らず、国際的に高く評価されている画家である。オリンピック東京開催が決まった翌日の絵。破壊されて傾き、もくもくと黒煙・白煙を吐き続ける原発を背景に、頬骨高く出っ歯でメガネをかけた裸体のアスリートがハザードシンボルがついた円盤を投擲しようと構えている。キャプションに曰く「フクシマを忘れるため：東京オリンピック」。日本と日本人に対する痛烈な批判である。しかし日本では話題にならなかった。

その翌日、風刺週刊紙『カナール・アンシェネ』（九月一一日付）に、プランテュに匹敵するくらい名高い画家カビュ（一九三八年生）によるカリカチュア。やはり破壊された原発を背景に、

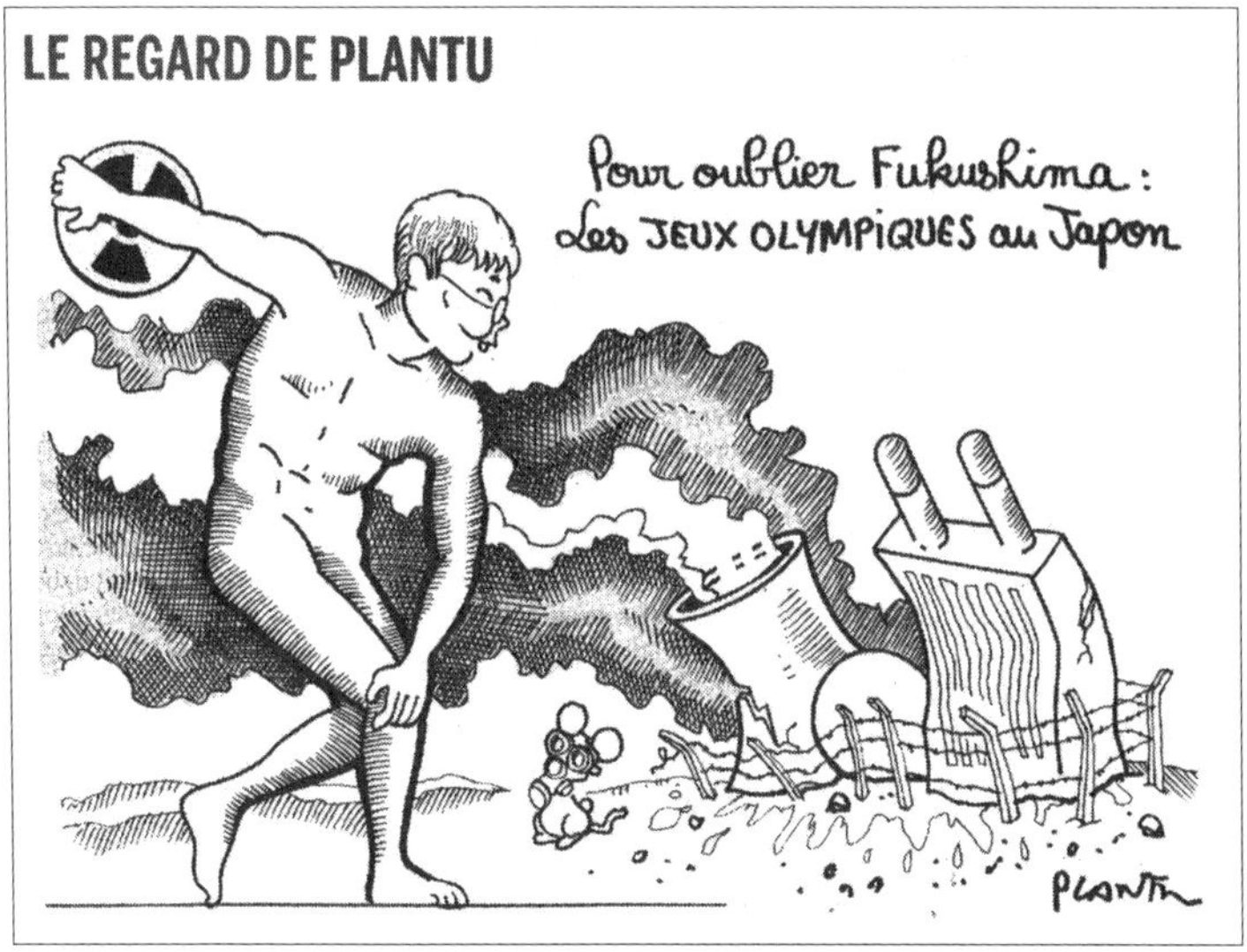

『ル・モンド』2013 年 9 月 10 日付

よぼよぼにやせ細った相撲取りが二人、土俵上で向かい合っている。ひとりは三本足。他は手が三本で、眼球が飛び出し垂れ下がっている。防護服を着た笑顔のレポーターが「マーヴェラス！　フクシマのおかげで相撲がオリンピック種目になりました」。

翌週一八日付『カナール』によると、パリ在住の日本人フリーランス・ジャーナリストが特ダネとばかりに日本のメディアに売り込んだらしい。テレビやラジオ、週刊紙が取り上げた。その結果、官房長官が記者会見で「被災者の方々の気持ちを傷つける」できごと、「在仏日本大使館をとおして抗議する」という騒ぎになった。

『カナール』編集部は、大使が乗り込ん

（下）オリンピック・プールはもうフクシマに完成しています。――選手は防護服を着てもよいことにしよう。

（上・下とも）『カナール・アンシェネ』2013 年 9 月 11 日付

でくると手ぐすね引いて待っていたが、下っ端の役人から電話がかかり、その翌日、その役人名で書簡がとどいただけ、とのこと。パリの日本大使館のひとびとは、『カナール』がどんな新聞か、カビュがどんな画家か、フランスの風刺、ユーモア文化がどんなものか知っている。みっともない振る舞いをして、フランス世論の嘲笑を買いたくない、かといって政府の指示に逆らえない。苦肉の策でお茶を濁したのだろう。

『カナール』は言う。くだんの風刺画は、汚染水が「コントロール」されているどころか、垂れ流しの状態であることを子細に報じた記事の一環。この記事の内容にはひと言も触れず、「被災者の方々の気持ちを傷つける」「抗議する」とは笑止千万。

「だれが被災者を苦しめているのか?」

日本では『カナール』は売っていない。定期購読者は五一人のみ。つまり、メディアと政府が騒ぎ立てたから、一般市民が知ることになった。なのに、記事を読みもしなかった、『カナール』の存在さえも知らなかったひとびとから、英語・日本語で罵詈雑言、脅し文句をつらねたメールが数百通も送られてきた、という。

付和雷同の民度の低さに辟易している気配がうかがえる。わたしは定期購読者五一人のひとりだが、ちょうど二五年前、昭和の最末期に、日本の象徴とされる人物が『カナール』でどのように描かれていたかを思い出した。

スパイ国家とたたかう

2013.12

一〇月二一日発行の『ル・モンド』は、「スパイ国家（ビッグ・ブラザー）とたたかう」という社長署名の社説を掲げ、アメリカ国家安全保障局NSAによる世界的規模での盗聴スパイ活動の実態をひろく知らしめることは民主主義のために喫緊の責務であると主張し、五ページを費やして、スパイ活動の仕組みとフランスにおける活動実態を暴露した。駐米フランス大使館、国連フランス代表部が盗聴されていた。二〇一二年一二月一〇日から一三年一月八日の一カ月足らずのあいだに、七〇三〇万件のフランス国民の交信が傍受されていた。同日午後、ファビウス外相が駐仏アメリカ大使を呼びつけて抗議。同日深夜、オランド大統領がオバマ大統領に電話をかけて抗議。翌日午前、ファビウス外相が訪仏中のケリー国務長官に抗議。『ル・モンド』はこのあとも連日数ページを費やしてキャンペーンを展開した。フランスだけではない。メキシコ大統領、ブラジル大統領、ドイツのメルケル首相もオバマ大統領に厳重な申し入れをおこなった。

これらはすべて、日本のテレビや新聞でも報道された。問題にしたいのは、日本のメディアは外国メディアの報道を要約して間接的に伝えているだけ、という事実である。アメリカはワシントン・ポスト紙、ニューヨーク・タイムズ紙、イギリスはガーディァン紙、ドイツはシュピーゲル誌、スペインはエル・パイス紙、ブラジルはメディアグループ「オ・グロボ」が、NSA元職員エドワード・スノーデンが持ち出した二万点の機密文書の管理を託されたブラジル在住のアメリカ人、元弁護士でブロガーのグレン・グリーンウォールドと交渉して入手した資料を解析して報道しているのだ。

なぜ、日本の新聞はそうしないのか。直接、文書を入手して、首相を含む主要な政治家・官僚、外務省、防衛省を含む重要官庁、基幹大企業、さらには一般国民が監視・盗聴されていないかどうかを調査すべきではないのか。そのほうが、クール便の常温処理とか、食材の偽装とかよりも重要なことだと思うのだが。

銃殺刑に処せられた兵士たち

2014.01

今年は第一次世界大戦（一九一四―一八）の開戦一〇〇周年。一一月一一日の停戦記念日を中心に、主戦場になったフランス、ベルギーのみならず各国で記念行事が企画されている。

この凄惨をきわめた戦争中、脱走、敵前逃亡、命令不服従、反乱、スパイ行為、さらには普通の刑事犯の廉《かど》で、約七四〇名のフランス人兵士が銃殺刑に処せられた。

一九九八年一一月、当時のジョスパン首相は「見せしめのために銃殺された」これら兵士たちは「苛烈な戦闘におとらぬ苛酷な軍紀の犠牲者」であるとして、「国民の歴史的記憶のなかに迎え入れるべきである」と述べた。

これを「反乱兵と国のためにいのちを捧げた兵士を同列におくもの」と激しく非難したサルコジ氏も大統領になったあとの二〇〇八年一一月には、激戦地だったヴェルダンで、「われわれとおなじように勇気も弱さもそなえていたはずの」これら兵士たちへの憐憫の情を表明した。

イギリスでは二〇〇六年、軍紀違反で銃殺された三〇六名の兵士全員が国会決議で名誉回復されている（『機』二〇〇六年一〇月号参照）。社会党内を始め、各種人権団体から、名誉回復の措置をとるよう求める声が高まっていた。全員の名誉回復ということにするとスパイ行為や普通の刑事犯も含まれてしまう。個々のケースについて裁判をやりなおすことはとても無理。昨年一一月七日、一〇〇周年記念行事計画発表のスピーチでオランド大統領は、国民統合のシンボルとして、アンヴァリッド軍事博物館に銃殺された兵士たちを追悼する場を設置することを発表した（『ル・モンド』一一・九付）。

日清戦争（一八九四―九五）から太平洋戦争（一九四一―四五）までの度重なる戦争のなかで、軍紀違反のために殺された日本人兵士は何人いるのだろうか。この人々は靖国に祀られているのだろうか。

国連の軍事活動、集団的自衛権発動による米軍との共同作戦に動員される「日本国軍」兵士の軍紀違反はどの機関が裁くことになるのだろうか。特定秘密保護法のあとは、軍法会議設置法か。

一〇六七

2014.02

この数字は昨年大晦日の夜にフランス本土で放火され炎上した自動車の数である。毎年、パリに隣接する諸県、また、リール、ストラスブール、リヨン、マルセーユ、トゥルーズなど、周辺部に貧困地域を抱える大都市がある諸県に多発する。

車が放火されるのは大晦日だけでなく、国の祝日(革命記念日)の七月一四日前夜と当日の夜も多い。二〇一二年の総数は三万九八〇二台だった。それでも二〇〇七年に比べると一八・八%減少している。社会党政権のマニュエル・ヴァルス内務相は下降しつつある数値を「めざましい成果」として満足の意を表明した。

車の放火が減ってきている原因として関係者は次の諸点を挙げている。①祝日前夜や大晦日に遊び半分で放火する、それを見物する若者たちが飽きてきた(代わりに轟音を発する爆竹がはやりつつあり、手を吹き飛ばされたりする事故が起きている）。②修理代がないため路上に放置されているポンコツ車を事前に撤去する対策をとった。③ガソリンの少量販売を禁止した。④監視カメラを設置する場所を増やした。⑤逮捕した犯人に裁判所が刑罰を科する、つまり必罰の方針に切り替えた。⑥近隣住民が見て見ぬふりをやめ、よりきびしい反応を示すようになった。これが抑止効果を発揮し始めている。

実は放火するのは非行少年だけではない。二〇一二―一三年に逮捕された約一〇〇〇人が動機として挙げたのは、気晴らしが二七％、車を使った犯罪の証拠隠滅が一八％、住民どうし、友人どうし、夫婦・カップル間の意趣返しが一四％、過飲によるが九％。さらに自分の車に放火する保険金詐取目的が一〇％。犯人の九四％は男性。八一％が無職か学校生徒。四分の一が未成年（十七歳以下）。

一二月三一日付と一月三日付『ル・モンド』の記事を紹介した。「フランス固有の伝統的フォークロア」と言っているから、他の国には見られない現象なのだろう。おろかな競争心をかき立てないため、二〇一〇年と一一年は統計の公表はなかった。まさに「特定秘密」扱い！

現代のヴィクトル・ユゴー

2014.03

「これほど崇敬の対象になった人物はめったにいない。生存中に、これほど自国民にもてはやされ、その作品がすべて成功をおさめ、その才能が国境を越えて広く認められ、ひとつの芸術ジャンルを体現する責任を担わされた人物はめったにいない。その口元とあごの白いひげを見ていると、栄光の頂点にあった時期、その名を冠したパリ十六区のアベニューに建てられた晩年のヴィクトル・ユゴー像を連想させられる」。

「六〇〇人のジャーナリストの前で引退を表明し全国民に衝撃をあたえてから五カ月後、宮崎駿は第一一作目かつ最後の長編『風立ちぬ』（フランスでは一月二二日封切）について語った。まず作品の歴史的背景を解説した。一九二〇年代と三〇年代。深刻な経済不況、軍国主義のくびきのもとアジア侵略の戦争に突き進む日本。そしてすぐに今の時局と関連づけた。東シナ海、南シナ海周辺諸国におけるナショナリズムのエスカレーション。軍事力拡大競争。金融危機の影響。安倍晋三首相の派手なイデオロギー的言動と場当たり的な経済政策。『当時といまの状況は恐ろしくなるほど共通点があります。あらたな破局が訪れる条件がすこしずつそろいつつあるかのようです』と彼は言う」。

「宮崎によれば、意図してそうしたわけではない、『風立ちぬ』の製作は五年以上前に始まった。しかし今回も彼は時代を先取りした。彼が『レ・ミゼラブル』の作者と共有しているのはまさにこの天賦の才である。時代の地底にひそむ激動の兆しを感じとり、諸国を横断する流れを大河的作品によって啓示する才能である」。

スタジオ・ジブリを訪れた『ル・モンド』の記者が書いた「ミヤザキの最後の預言」と題する長大なインタビュー記事の冒頭部分を訳出した（ウィークリー『M』、一月一八日付）。

フランスで大人気なのは知っていたが、あの国民作家ユゴーになぞらえられるほどだとは！　文化勲章はどうなっているのか。「いや、そんなものは」とすでに辞退なさっておられるのかもしれないが。

アフリカと同性愛

2014.04

アフリカには大小五四の国がある。そのうち三八カ国で同性愛は法律で処罰の対象とされている。スーダン、モーリタニア、ソマリア、ナイジェリア北部では死刑も含まれる。近年、いくつかの国では、より厳罰化の動きが強まっている。

いちばん人口の多い（約一億七〇〇〇万人）大国ナイジェリアでは、一月に新法が制定され、同性愛行為に対する一四年の刑が結婚を企てる同性愛者にも適用されることになった。同性愛関係をおおやけにすると一〇年の刑。同性愛者を支援する団体やデモを支持する行為も一〇年。ウガンダでは死刑を含む法案が提出されたが、二〇一三年末に採択された法律では終身刑に「抑制」された。コンゴ民主共和国では二〇一三年末、三―五年の刑を含む法案が提出された。リベリアで二〇一二年に提出された法案は同性愛関係を「プロモーション」することを罰する規定が含まれている。曖昧でいくらでも拡大解釈が可能な語である。

法で罰するだけではない。南アフリカは同性婚を認めている例外的な国だが、同性愛の女性に対する「懲罰」だとする強姦が横行している。カメルーンでは一三年七月に同性愛者である著名なジャーナリストが自宅で拷問の上、殺害された。

他のむずかしい問題から国民の目をそらす意図をもって政府が同性愛取締を利用している面がある。アフリカ社会はまた年率一〇%前後の経済発展と共に急速に変化している。伝統的な価値を守ろうという主張もある。同性愛問題を西欧の悪影響、西欧的な価値の押しつけとする見方もつよい（国連人権高等弁務官事務所やヒューマン・ライツ・ウォッチ、アムネスティ・インターナショナルなどが活動している）。さらにはイスラム原理主義の圧力、アメリカから進出している保守的な福音主義教団の影響もある（二月一五日付『ル・モンド』の記事）。

フランスでは二〇一三年五月、同性結婚法が成立。同年末までに約七〇〇〇組が式を挙げた。日本の政治家（たとえば総理大臣）はこの問題についてどんな考えをもっているのだろうか？

人材の流出?

2014.05

三月一一日付『ル・モンド』によると、大小八〇〇〇の企業が加盟するパリ・首都圏商工会議所が三月一二日に公表する予定の文書で、イギリス、スイス、ドイツ、スペイン等への人材流出を憂慮している。

外国居住のフランス人は一九九五年、九〇万人だったが、二〇一三年には一六〇万人を超えている。最近一〇年は毎年三—四%、人数で六—八万人の増である。一〇%を超える失業率と展望の開けない経済が高学歴の青年、起業家たちを外に向かわせている。フランスの人口全体に占める大卒者の比率は一二・五%だが、外国移住者では五三%。二〇一四年一月現在、大卒者の二七%が国外での就職を考えている。二〇一二年一月は一三%だったから二年で倍増。外国居住を一〇年以上と見込んでいる者たちは二〇〇五年二七%だったが、一三年には三八%。

定年までいとわないという者も二八%いる。ロンドンのフランス領事館は、ロンドンに住むフランス人を約二三万人と推定している。これほどの人材流出は、フランスの経済ばかりか、社会全体の活力にも大きなマイナス効果を及ぼすのではないか、という心配である。

ところが外国への労働力移動は他のヨーロッパ諸国ではもっと大規模である。国連資料によると、四七〇万人のイギリス人、四三〇万人のドイツ人、三六〇万人のイタリア人が外国に居住している。EUの統合が進んでいるという証左だし、外国の異なる環境で鍛えられた若い優秀な人材は将来、フランスの切り札になるはずだ、という見方も有力である。

他方、三月二〇日付「十八歳から留学」と題する記事によると、中等教育修了・大学入学資格認定の国家試験バカロレアに優秀な成績で合格した若者のなかに、スイスやカナダ、イギリスの有力大学に直接留学する者たちが増えている。エラスムス計画による大学生のEU内留学はずっと前から定着している。

日本から優秀な若者が流出する心配はまずない。そこそこ、国内で仕事が見つかる。それに、外国語をビジネスの場で使いこなせる若者は少ないから流出できない。

地政学の犠牲

waguy

2014.06

Ｇ８は一九七五年、米・英・仏・独・伊、それに日本、民主主義の諸価値を共有する先進六カ国のトップが石油危機後の世界の経済・金融、政治を話し合う場としてつくられた。翌七六年、カナダが参加してＧ７。ソ連崩壊後のロシアが九七年に参加を認められＧ８。

Ｇ20はアジア通貨危機後の一九九九年、Ｇ８と、中・韓・印・メキシコ・ブラジル・アルゼンチン・インドネシア・トルコ・南アフリカなど新興国の財務相、中央銀行総裁が集まったことに始まる。参加国の政治・社会体制が多様だし、利害の不一致も大きく、意思決定や実行力の確保に問題を抱えている。

三月二四日、オランダのハーグで開催されていた核保安サミットに出席していたロシアを除くＧ７首脳は、クリミアを併合したロシアを牽制する手段として、六月にソチで開催されることになっていたG8をボイコットし、ロシアを排除してブリュッセルで会合することを決めた。おなじ日、やはりハーグに集まっていたBRICS（ブラジル・ロシア・インド・中国・南アフリカ）の外相が共同コミュニケを発表した。一一月にオーストラリアのブリスベンで開催されるG20会議の運営は「すべての加盟国の権限に属するものである。いかなる国も会議の本質と性格を一方的に左右することは許されない」。

数日前、議長国オーストラリアのジュリー・ビショップ外相がロシアを排除する可能性に触れたことに反撥したもの。世界経済・政治で力を増大させつつある新興諸国がG20はG8とはちがう、いまや世界はG8の思惑では動かない、と宣言したのである。

こうした背景のもと、四月七日、ロシアは成長ホルモンを使用しているという口実で、オーストラリア産牛肉、特に最高級品であるwagyuの輸入を禁止した。ヴィクトリア州の牧畜農家がウクライナをめぐる地政学のとばっちりを食わされている（『ル・モンド』四月八日付）。

オーストラリアの高級牛肉はwagyuというのだ！　名前からしておいしそう。それに和牛より安い？

翻訳の世界も英語の天下

2014.07

フランスはドイツに次いで外国文学の翻訳出版が盛んな国である。ただ残念なのは、近年、英語からの翻訳が市場を席巻していること。二〇一三年、翻訳書一〇点のうち六点は英語から、小説について言えば三分の二がそうである。

救いは、英語作家すなわち米国人・英国人、とは限らないこと。インドのアルンドハティ・ロイ、南アフリカのJ・M・クッツェー、ナイジェリアのチママンダ・ンゴズィ・アディーチェなどはまさに英語で書いているおかげで仏訳されている。

翻訳家養成教育が英語に偏っている、出版社の努力がたりないなどという事情もある。ウクライナの著名作家マリア・マティオスは多くの言語に訳されているのに仏訳はなかった。評判を知ったガリマール社の編集者がロシア語訳をひとに読ませ、自分も英訳を読んで出版を決めた。フランスはアラビア語文学への関心も薄く、エジプトのナギブ・マフーズが一九八八年にノーベル賞をとったあとも、当人の作品はともかく、アラビア語文学への関心は高まらなかった。イタリアではマフーズの受賞がきっかけで、アラビア語の小説が七〇点も紹介されたのに。ちなみに、ダントツの英語のはるか下だが、二位に付けているのは日本語。これはマンガ・ブームのおかげ。次いで、ドイツ語、イタリア語、スペイン語。

総じて、フランスの翻訳の世界は中央に高く大きな山が聳え立ち、その外側に小山が並ぶ、という景観を呈している（五月一六日付『ル・モンド』）。

尽きぬ想像力と創造力を発揮し続けるル・クレジオのようなひとは別として、おなじ話の繰り返し、さっぱり売れないとガリマール社をお払い箱になり、近作をアジア文学専門の小出版社から出さざるをえなくなったノーベル賞作家もいる。やはりノーベル賞作家ガルシア＝マルケスのかつてのベストセラー『百年の孤独』。ながらく絶版でネットで法外な値段が付いていたが、作者没後、スイユ社が急遽再版した。文学の世界もビジネスの世界なのだと思い知らされる。

五一〇〇万人の……

2014.08

「韓国に人が一人もいなくなってしまった、そして韓国人すべてが世界をさまよいはじめた、と想像してみてほしい」。

論説のこんな書き出しに「えっ、何の話？」と驚いた（『ル・モンド』六月二四日付）。

今現在の世界の難民の数と韓国の人口五一〇〇万人がほぼひとしい、ということなのだと。二〇一三年末の数字だが、前年にくらべて六〇〇万人増えている。南スーダン、中央アフリカもあるが、この増加はとくにシリア内戦のため。シリアの人口は二二〇〇万人だが、六五〇万人が国内で難民化。二五〇万人がレバノン、ヨルダン、イラク、トルコで、国連やその他の人道団体が設置したテント村で暮らしている。それよりずっと前から、二六〇万人のアフガニスタン人が世界を流浪している。ソマリア人も一一〇万人。

アントニオ・グテーレス国連難民高等弁務官によると、このような事態のコストは計り知れない。まず人間的コスト。何百万という男・女・こども、そのひとりひとりの苦しみ。ついで財政的なコスト。シリア内戦の泥沼化を防げなかった国際社会はそのやましさから難民救済の資金を負担するかといえばそうではない。国連難民高等弁務官事務所は、二〇一三年、必要な資金の二八％しか集められなかった。

紛争を予防できない、解決できない、金も出せない。ではせめて、難民を受け入れるか？　二〇一四年の最初の五カ月間に、イタリアの沿岸警備隊はボートで漂着した難民四万人を救出した。すでに前年と同数である。年末には一〇万人に達するだろう。シリアや中東からだけではない。エリトリア、ソマリア、ニジェールからも来ている。なのに、地理的位置に由来するイタリアの苦境をEUは見て見ぬふり。EUが受け入れたシリア難民は総数の二％以下。それも大半はスウェーデン（一万五〇〇〇人）。ドイツは一万人の受け入れを公約した。フランスは大統領が五〇〇人受け入れを言明したが、実績は一〇〇人前後……。EUは自由と人権の共同体のはずではないのか。

イェルサンか北里か

2014.09

五月八日から六月二九日まで、香港医学博物館で《Plagues》（伝染病）という展覧会が開催された（『ル・モンド』七月二日付）。一二〇年前の一八九四年六月二〇日、アレクサンドル・イェルサン（一八六三―一九四三）がペスト菌を発見した事績を記念して企画された。

イェルサンはスイスに生まれ、後にフランス国籍を取得した医師・細菌学者。パストゥール研究所の所員になり、当時フランスの植民地であったベトナムに赴き、サイゴン近くのナトランにパストゥール研究所をつくった。それだけでなく、ゴムの木の大規模栽培を導入するなど、ベトナムの農業発展にも貢献した。観光地として有名なダラトを開発した。一九四三年、ナトランで死去。

一八九四年五月八日、モンゴルから中国南部に広がったペストの最初の感染者が香港で発見された。フランス領インドシナへの波及を危惧したフランス当局は至近の土地にいるイェルサンに香港行きを命じた。細菌学の黄金期、パストゥール（一八二二―一八九五）のフランス学派とロベルト・コッホ（一八四三―一九一〇）のドイツ学派が競合するなか、未解明のペストは格好の研究課題である。六月一五日、三十一歳のイェルサン、勇んで香港に乗り込んだ。ところがそれより三日前に到着した、コッホの弟子で破傷風研究で著名な北里柴三郎（一八五三―一九三二）率いる日本のチームが、香港政庁の医務官ジェームズ・ローソンの全面的な協力を得て研究を開始していた。孤立無援のイェルサンは藁小屋を建てて研究室とし、遺体収集にあたる兵士を買収して遺体を入手した。六月二〇日、ペスト菌を発見。ところが、それより五日前の一五日、ローソンは一八二三年発刊の権威ある医学雑誌『ザ・ランセット』に「北里、ペスト菌発見」を通告していた。

その時点での北里の研究には不備があったとされ、ペスト菌の学名はイェルサンの名をとって Yersinia pestis となった。北里研究所のサイトでは北里の発見。イェルサンの名はでてこない。科学研究の国際競争はいまに始まったことではない。

「多様な」内閣

2014.10

八月二六日におこなわれたフランスの内閣改造。閣僚名簿（『ル・モンド』八月二八日付）を見て気がついたこと。

①若い人が多い。五十二歳の首相はあまりめずらしくないかもしれないが、経済産業相、教育相、住宅国土相はいずれも三十六歳。文化相は四十一歳である。副大臣にも、三十六歳、三十九歳、四十歳、四十三歳（二人）、四十四歳がいる。

②首相を除く一六人の大臣のうち、七人が女性。しかも、閣僚の序列二位の環境相、三位の教育相、四位の法務相、七位の福祉保健相が女性。副大臣一七人中、八人が女性である。

③そして「多様性」。まずヴァルス首相。バルセロナ生まれのスペイン人。少年時代にフランスに移住し、パリ大学で学んだが、フランス国籍を取ったのは一九八二年。二十歳の時であ

る。

デジタル経済担当副大臣アクセル・ルメール（女性、三十九歳）は父親がケベック人、母親がフランス人で、カナダ・フランスの二重国籍。

都市政策担当副大臣ミリアム・エル＝コムリ（女性、三十六歳）はモロッコ人を父親にラバト市に生まれた。十歳で家族と共にフランスに移住。モロッコ・フランスの二重国籍。

退役軍人担当副大臣カデル・アリフはフランス軍兵士（アルキ）になったアルジェリア人を父にアルジェに生まれた人。

教育相ナジャ・ヴァロー＝ベルカセム（女性、三十六歳）はモロッコ生まれ。五歳のとき、移民労働者の父親に合流した。モロッコ・フランスの二重国籍。

さらに、文化相フルール・ペルラン（四十一歳）。もともとの名はキム・チョンスク。しかしこれも親がつけた名前ではない。生まれて数日後、ソウルの道ばたに捨てられていた。六カ月後にフランス人カップルの養女になり、大切に育てられた。高級官僚養成校である国立行政学院出身の超エリート。一見してアジア系とわかる美形。英語・ドイツ語に堪能。日本語も少々。朝鮮語はダメとのこと。

フランス語の diversité「多様性」とは、こういう事態を意味する。

逃げ出すお金持ち

2014.11

イギリスの大手銀行バークレイズが二一カ国の一五〇万ドル（約一億六〇〇〇万円）以上の資産家二〇〇〇人を対象におこなった調査によると、五年以内に外国に移住したいと考えているイギリス人は二〇％。アメリカ人六％。インド人五％。中国人がダントツで四七％！行き先はまず香港（三〇％）。ついでカナダ（二三％）など、比較的国籍を取得しやすい国々。動機だが、複数回答で、七八％が子どもの教育と就職、七三％が経済環境と安全を挙げた。医療と公共サービスの質がそれに続く。経済協力開発機構（ＯＥＣＤ）の調査によると数学・理科・読解能力では上海が一位、香港が二位なのだが、被調査者によると、中国の教育は暗記中心の詰め込み、点取り競争と評判がよくない。結局、子どもを外国、とくにアメリカの名門大学に留学させようと躍起になる。中国最大の不動産会社 SOHO China の女性経営者、張欣はそのため一五〇〇万ドルをハーバード大学に寄付してネット上で批判されたが、それができるなら自分もそうするという反応も多かった。

今年夏、自分の娘にハーバード大学を卒業させた習近平国家主席は、国内の大学における党イデオロギー教育を強化すること、人文社会系の最高学術機構である社会科学院の研究員採用に際してマルクス主義教義への忠誠度を基準とすべきことを指示した。

思想的締め付けと汚職追放は、習近平政権の車の両輪である。お金持ちの中には汚職によって富をなした高級官僚が少なくない。しかも、少なくない者たちが妻と子どもたちをすでに外国に移住させ、資産も移転してしまっている。いざとなれば自分もすぐ逃げ出すつもり。「裸官」といわれている連中である。七月、広東州だけで二一九〇人の「裸官」が摘発され、八六六人が首になった（『ル・モンド』九月一七日付）。

共産党独裁体制は遅かれ早かれ崩壊するのが歴史の法則。中華人民共和国はいつまでもつだろうか。

I ♥ TSE

2014.12

フランスも今年はノーベル賞の当たり年。文学賞のパトリック・モディアノ（一一五人目）に続いて経済学賞のジャン・ティロル（三人目）。授賞理由「市場の力と規制に関する分析」の領域での業績で受賞必至の声は前から高かった。だが、研究実績もさることながらトゥルーズ・スクール・オブ・エコノミクスの経営手腕も評価されている。

アメリカのマサチューセッツ工科大学（MIT）で学位を取り、教授陣の有力な一員になったが、一九九一年にあえて帰国。やがて南仏トゥルーズ市に Toulouse School of Economics（TSE）を創立した。校名をあえて英語にしたのはアメリカの大学に負けない水準の研究教育の拠点にすることをめざしたから。フランスの硬直した大学制度に束縛されるのを嫌い、特例機関として認可を受け、アメリカ式の組織運営を採用した。

民間の資金を導入し企業経営者を理事会に迎えた。教員は期限付き契約。給料も能力主義で可変制。もちろん普通の大学より高い。一五〇人前後の研究教育スタッフ（三〇％は外国人）は主としてアメリカの専門誌に頻繁に論文を発表していて、ＴＳＥは経済学研究機関の世界一一位にランクされている。学士・修士・博士の学位を取得できるが、修士課程からは講義はすべて英語。学生の五〇％は外国人留学生である（『ル・モンド』一〇月一五／六日付）。

フランスにはティロルのほかにもトマ・ピケティがいる。『二十一世紀の資本』はすぐ英訳されて世界中でベストセラー。フランス経済学界は意気軒昂である。ＴＳＥだけでなくParis School of Economics（ＰＳＥ）とAix-Marseille School of Economics（ＡＭＳＥ）も頭角を現している。八月にＩＭＦが公表した、いま世界でもっとも影響力のある四十五歳以下の経済学者二五名のリストにフランス人は七人いる。（一〇月三〇日付）。

ＩＭＦのリストには日本人の名はない。英語で講義・討論ができる、英語の著作がある、自著が英訳された経済学者、日本にいないのだろうか？

社会ツーリズム？

2015.01

われわれの国では未知だった物や事、観念については、それらを指す語は存在しなかった。汽車、自動車、社会、会社、自由、民主、人権、いずれも文明開化の時代、舶来語を翻訳してつくった語である。寄付行為などという半可通な訳語もあり、最近まで使われていた。

『ル・モンド』(一一月一五日付など)で le tourisme social という表現を見て、なにそれ、と思った。そのまま置き換えれば「社会(的)ツーリズム(観光)」だけど。

ドイツのライプツィヒ市に居住している三十五歳のルーマニア人女性が生活保護の受給を拒否された。EU市民が他国に居住する場合、職に就いているか、そうでない場合は積極的に求職活動をしているという条件を満たさなければならない。この女性は求職活動をしていなかった。職業安定所の斡旋も受け入れなかった。したがってドイツに居住することはできない。したがって社会福祉も受けられない。ＥＵ司法裁判所は、一一月一二日、ライプツィヒ社会保障裁判所のこの決定を是認する判決を下した。

欧州連合市民は域内どこの国にも移動・居住する自由を保障されている。それを利用してドイツ、イギリス、スウェーデンなど福祉制度が充実している国にやってきて生活保護を受けるルーマニアやブルガリアからの域内移民（これが「社会ツーリズム」と呼ばれている現象！）を槍玉にあげてきた反移民・反ＥＵの極右政党や国内の反ＥＵ勢力に迎合するイギリスのキャメロン首相などは、司法裁判所の判決を歓迎した。かつて、高度成長を謳歌した時期には英国もポーランド労働者を歓迎したが、停滞期に入ってからはイギリス独立党（ＵＫＩＰ）などがＥＵ脱退を叫んで首相を悩ませている。

ところが『ル・モンド』によると、この判決は、加盟国はそれぞれ社会ツーリズムを阻止する法的手段をもっていることを強調することによって、移動・居住の自由というＥＵの基本的原理のひとつを改めて確認しているのである、という。

ジグザグは避けられないがＥＵ統合は進展しつつある、と信じたい。

フランスの9・11

2015.02

太平楽な国民のひとりなので元旦の『ル・モンド』社説を読んでびっくりした。「よりよい世界を願って」と題するこの社説は次の一文で始まっていた。

「よりよい世界？　そのためには、まず、イスラム国とその盲目的な野蛮に対するたたかいを強化しなければならない」

ありていに言えばこれは「平和な世界をつくるには戦争をしなければならない」ということではないか？　なんという矛盾か！

ところが一週間後、中東どころかフランス国内で戦争になってしまった！　風刺週刊紙『シャルリー・エブド』の主要なスタッフがイスラム過激派に銃殺されてしまったのだ！　その後の犯人追撃作戦と立てこもり事件と銃撃戦……。

かつてその作品を愛読したヴォランスキーと、現に毎週『カナール・アンシェネ』紙でその風刺画を楽しんでいるカビュの死を悼むと同時に、『ル・モンド』社説の矛盾に触れたメールを哲学者エティエンヌ・バリバールに送った。一九六一年、パリのエコル・ノルマルに留学したとき以来の付き合いである。

するとバリバールは、わたしのメールをまくらに使って、「亡くなった人々と生き延びた人々への三言《みこと》」と題する、事件についての論評を一月九日付の『リベラシオン』紙に寄稿した（http://www.liberation.fr/societe/2015/01/09/trois-mots-pour-les-morts-et-pour-les-vivants_1177315）。その二日後の一一日、京都大学人文研で開催されるシンポジウム「政治・主体・〈現代思想〉」のメインスピーカーとして招聘されて来日した。一五日、合間を縫って上京してくれたので、今回の事件についてもじっくり話し合うことができた。

『リベラシオン』論文でバリバールは三つのキーワードを示した。それに沿って以下、『ル・モンド』を介して『シャルリー・エブド』事件を読み解いてみよう。

共同体 Communauté

パリの三、十、十一区の境にあるラ・レピュブリック広場。高さ九・五メートルのマリアンヌと呼ばれる共和国を象徴する青銅の女性像が一五メートルの高さの台座の上にそびえている。国是である自由・平等・博愛を象徴する女性像が台座を囲んで座している。

一月七日午前一一時過ぎ、『シャルリー・エブド』襲撃事件勃発。その直後から、老若男女の市民が« Liberté d'expression »「表現の自由」あるいは« Je suis Charlie »「わたしはシャルリー」というスローガンを記した紙片、プラカードを掲げて集まり始めた。青・白・赤の三色旗を掲げている者もいる。国歌「マルセイエーズ」を歌う者もいる。「表現の自由」は一七八九年の人権宣言で高らかに謳い上げられた原理だ。国旗も国歌も周辺の諸王国の干渉から革命をまもる戦争のなかで生まれたものだ。その夜、広場はろうそくをもった人々で埋め尽くされたが、パリだけではない、全国の都市もおなじだった。一一日、フランス全国で三七〇万の人々が参加した「共和国行進」は世界中のテレビ画面に映し出された。

これほどの数の人々がなぜ？　それは、オランド大統領が述べたように「共和制そのものが攻撃された」と感じたからだ。「自由・平等・博愛の国是が攻撃された。この国是が表現している諸価値が攻撃された。政教分離（ライシテ）の原理とすべての宗教的・哲学的信条を尊重するという原理が攻撃された」（九日付社説）と感じたからである。

日本的風土では「寛容」というと無原則になんでも受け入れることと思いがちだが、フランス語の la tolérance は長い歴史的なたたかいを経て確立された原理だ。ヴォルテールが言ったとされる「あなたの意見には反対です。しかしあなたが自分の意見を言う権利は命をかけてまもります」という句がしたり顔でしばしば引用されるが、ヴォルテールが言った Écrasons l'infâme!「汚辱を踏みつぶせ」の汚辱はキリスト教だったのだ。「寛容」と不可分の政教分離の原理も、十九世紀末から二十世紀にかけて、カトリック教会の現世的諸権力との激しいたたかいの末に確立した原理なのだ。

表現の自由を否定するテロに対して、まさに津波のように盛り上がった「国民的団結」l'union nationale の気運はそうした意味をもっていた。

しかしバリバールは事件翌日の時点ですでに「国民的団結」に疑問を呈していた。「国民的」national (e) は移民排斥・ユダヤ人差別・反EUを掲げる極右政党 le Front National「国民戦線」の名称だ。対ナチス・ドイツのレジスタンス運動も「国民的」という語は使わなかった。「国民革命」(la révolution nationale) はまさに対独協力ヴィシー政権のスローガンだったからだ。

バリバールは言う。「共同体」のタームで考えるべきだと。そしてこの共同体は「フランスの歴史のもっとも忌まわしい出来事を想起させるような、ますます激烈なプロパガンダによって侵略やテロリズムと同一視され、われわれのさまざまな恐怖、われわれの貧困化、あるいはわれわれの妄想のスケープゴートにされている多くのフランス市民」を排除してはならないのだ、と。

バリバールの警告はすぐに現実によって証明された。何よりもまず、『シャルリー・エブド』を襲撃したアルジェリア系の兄弟、若い黒人女性警官を射殺し、ユダヤ食品店に立てこもって四人のユダヤ人を殺害した黒人青年はいずれも「フランス市民」なのだ。大都市周縁部に住むアラブ系またブラック・アフリカ系の七〇〇万人の「フランス市民」の大半はテロを批判する人たちだが、他の市民の反応を怖れて追悼と連帯のデモに参加できなかった。「国民的団結」のそとにおかれている。事件の翌日正午、大統領の呼びかけで、フランス全国の官公庁・学校・事業所で黙祷が捧げられたが、全国六万四〇〇〇の小・中・高校のうち、二〇〇校あまりで、黙祷を拒んだ生徒たちが出た。立てこもり犯人を英雄視する生徒も少なくなかった。モスクやユダヤ教会の破壊行動、アラブ系、ユダヤ系市民への攻撃、いやがらせが頻発した。

一月一六日付『ル・モンド』トップの見出しは「自分はシャルリーと言わないフランス人たち」。五ページにわたって「国民的団結」を拒否する「フランス市民」の実体を分析している。そして、二〇日にはヴァルス首相がついに「フランスには地域的・社会的・民族的アパルトヘイト」が存在する、とまで言明する事態になっている。

首相は一三日、国民議会で「フランスはテロリズムと戦争をしている」とも言った。その戦争とは「内戦」の様相を帯びている……。

慎重さの欠如 Imprudence

「膝をついて生きるよりは立ったまま死ぬことを選ぶ」。イスラム過激派の報復が怖くないのかという質問に、『シャルリー・エブド』の編集長シャルブはこう答えたと伝えられている。それに対してバリバールは言う。危険を顧みない、あえて危険を選ぶ。ヒロイズムかもしれない。しかし imprudence には、「大胆」のほかに、「無思慮」の意味もある。「健全な挑発かもしれないが、ひょっとしてそれがもたらすかもしれない悲惨な結果に対する無関心である。すでに烙印を押されている何百万という人々の辱められたという思いを狂信的な組織がうまく操るという結果をもたらさないかと思う気配りが必要なのではないか」。健全な挑発とその効果との関係を考量することは「卑怯」ではない。

事件一週間後の一四日、生き残ったスタッフの手で編集され発売された『シャルリー・エブド』の表紙はムハンマドが « Je suis Charlie » と書かれた紙片を両手で胸の前に掲げている絵。左の目から涙が一粒。そして « Tout est pardonné »「すべてを許す」の文字! 事件前は数万部の新聞だったが、七〇〇万部が飛ぶように売れた。同時に、エジプト、レバノン、モロッコ、アルジェリア、トルコ、イラン、モーリタニア、セネガルなどで抗議デモがあり死者も出た。

エティエンヌ・バリバール氏と加藤晴久氏
恵比寿の Saint-Germain にて（2015 年 1 月 15 日）

イギリスでは『ザ・ガーディアン』、アメリカでは『ワシントン・ポスト』を除いて、どの新聞も表紙の写真は載せなかった。

風刺画の問題は、二〇〇五年九月、デンマークの『ジランド・ポステン』紙が掲載したムハンマドの風刺画がことの発端だが、当初アラブ諸国でも世論の反応はにぶかった。一二月になってエジプトのムバラク政権がアラブ諸国の外相会議で問題化したのがきっかけで騒ぎになった。翌二〇〇六年二月、シリアのダマスカスでフランス大使館などが襲撃される事件になったが、これも陰で当局が糸を引いたためと言われている。独裁政権が国民の不満をそらすために利用している面があることを見逃すべきではない（九日付）。

聖戦 Djihad

テロ事件の翌日の時点ですでにバリバールは「われわれの運命はイスラム教徒の手中にある」

と驚くべき問題提起をしている。さきに、西欧諸国を脅かしているテロリズムは内戦だ、と言ったが、実はイスラム教宗派間の神学的対立、民族的対立が西欧諸国に持ち込まれているというのが真実だ。だとすれば、イスラム教は聖戦（ジハード）とは無縁だという神学をイスラム教徒のあいだで確立し、同時に宗派間・民族間の紛争を当事者が解決しなければ、西欧諸国内の内戦も終わらない、という問題提起である。これは人類にとって、数十年単位の、つまり二十一世紀の最大の課題である。

（初出は『機』二〇一五年二月号）

上からの革命？

2015.02

①自分を不死、また不可欠な存在と思い込んでいる。②ワーカホリック（休息を取ることができない）。③心的・霊的な硬直化（事務的処理至上主義ゆえの）。④過度の計画化と機能主義。⑤調整と連携の欠如。⑥霊的アルツハイマー（自己の霊的歩みの忘却）。⑦虚栄虚飾の競い合い。⑧生活のスキゾフレニア（表向きの生活と乱れた裏の生活）。⑨おしゃべりのテロリズム（噂・陰口・中傷）。⑩上下へのおもねり（出世主義と日和見主義）。⑪他者への無関心（嫉妬と策略ゆえの）。⑫陰鬱な表情（ペシミズムと権威主義ゆえの）。⑬蓄財。⑭閉鎖的なグループづくり。⑮現世的権勢欲と自己顕示欲。

昨年一二月二二日、一同の一年間の労をねぎらい、よきクリスマスと新年を祈願するはずの集会で、フランシスコ法王は居並ぶ枢機卿・司教に向かって、法王庁に蔓延する「一五の病気」

を数え上げ、そのひとつひとつの症状を解説し、悔悛と自己変革を求めた。

世界のカトリック信徒を統治する政府ともいうべき法王庁が、七つの大罪どころか、その倍もの数の病に冒されていると「宣戦布告」する「前例のない大胆さ」に『ル・モンド』(一二月二八/二九日付)の社説が驚嘆している。

二〇一三年三月に選出されてから二〇カ月の間に、法王はまず財政改革を推進した。汚職とマネーロンダリングの嫌疑が絶えなかったヴァチカン銀行にメスを入れた。市=国家であるヴァチカンの財政運営を外部監査に委ねて健全化し、財務・経済部門の幹部を入れ替えた。法王庁のメンバーの心がけの転換を求めるだけでなく、機構の合理化・簡略化をも意図している。

実は、アルゼンチン出身、初の非ヨーロッパ出身の現法王は、法王庁の改革の先に、世界的規模での教会の改革を見据えている。地域(各国)教会への権限の移転、聖職者だけでなく信者代表の参画、教義の近代化(妊娠中絶、同性婚、聖職者の妻帯などなどの承認)をも視野に入れている。

「法王はこの賭けに勝つことができるだろうか? ヴァチカンの事情に精通した専門家たちも前途を占うことを避けている」。

六分／一万二〇〇〇分

2015.03

ユネスコの調査によると、アラブ諸国の小学生は学校以外の場で、年間六分間、本を読む。ヨーロッパの小学生は一万二〇〇〇分。やはりユネスコの調査だが、二〇〇九年の時点で、十五歳以上のアラブ人の四〇％は字が読めない（女性の比率が高い）。理由のひとつは、話されることのない言葉（古典アラビア語）を書く／書かれることのない言葉（方言アラビア語）を話すという不自然な言文不一致のなかに生きていることにある。モスクや学校でコーランの古典アラビア語を強要される。小学校からイスラムの教義をたたき込まれる。中高の哲学教育ではイスラム教典の講読がもっぱらで、ギリシア哲学や西欧十八世紀の啓蒙哲学は御法度。

出版事情も深刻だ。国連の二〇〇二年の報告書によると、総人口三億八〇〇〇万人のアラブ圏の年間出版点数は、人口四八〇〇万人のスペインのそれより少ない。しかもその一七％は宗教書（世界の平均は五％）。翻訳についてもおなじ。国連の二〇〇三年の報告書によると、この一〇〇〇年の間に一万点の本がアラビア語に翻訳出版されたが、この数はスペインが一年間に翻訳出版した点数とおなじだ。

イスラム化の浸透で大学における研究も変貌した。とくに人文社会科学が衰退している。信仰と科学との区別ができない大学人が増えている。

シーア派、スンニ派を問わない。イランで、サウジアラビアで、アルジェリアで、モロッコで、トルコで、作家、ジャーナリスト、映像作家などが検閲、迫害、投獄、死刑宣告の憂き目に遭っている。

教育・文化面でのこうした惨状がテロリズムの温床となっていることはまちがいない（『ル・モンド』一月二〇日付、二四日付）。

「表現の自由を叫ぶ前に」と言って、自分の意見を述べるのを控える。これが奥ゆかしい良識なのだろうか？　政教分離がなされていないイスラム諸国のオプスキュランティズムを批判し（風刺画も批判の一形態）、「文明開化」をうながして、それぞれの国で悪戦苦闘している啓蒙派知識人と連帯する。これこそ、知識人の使命なのではないだろうか？

超ダサイお歴々

2015.04

『ル・モンド』の記事は社説を除いてすべて署名記事。稀に、社長署名の社説が出ることがある。社運にかかわる経営・財務問題が生じた場合、あるいは異例の出来事が発生した場合だ。シャルリー・エブド事件のときがそうだった。

二月一〇日付、ヴァンコート社長名の社説タイトルは「スイス・リークス　見えないものを明らかにする」。ロンドンに本拠を置く世界第二の銀行ＨＳＢＣのスイスにある子会社をめぐる世界的な規模のスキャンダルを、一〇日付の一一ページ、翌一一日付の九ページを割いて報じた。

ＨＳＢＣの二〇〇六／七年の内部文書を入手した『ル・モンド』は、ワシントンを拠点とする非営利団体、調査ジャーナリスト国際コンソーシアムＩＣＩＪと協力して、五カ月間にわたり、四七カ国の六〇のメディアの一五四人のジャーナリストを動員して、約一〇万件の秘密口座の名義人を調べ上げた。モロッコ国王、レバノン国王をはじめとするアラブ諸国の王族、約二〇〇カ国の政治家、実業家、弁護士、医師、芸能・スポーツ・美術界の著名人、さらには武器商人や麻薬売買業者、またアルカイダにつながる組織も含まれている。隠された金額は一八〇〇億ユーロを超える。フランス人は約三〇〇〇人。金額は五八億ユーロ。

「欧州諸国が六年にわたる金融危機の後、財政再建に苦しんでいるとき、中間階級が税負担の重荷に耐えているとき」富裕階級の脱税は黙過できない。

フランスだけでなく、スイス、イギリス、アメリカ、ブラジルなどでも大騒ぎになっている。だが、わたしの見ている日本の新聞は（三月五日現在）無言。ＩＣＩＪが公表した秘密口座の持ち主リストには超高名な日本人建築家の名が写真入りで載っている。金額は八一万五九〇ドル。日本人がもつ口座の総額は四億一九九〇万ドル（五〇〇億円余）。『ル・モンド』や『ザ・ガーディアン』とちがってお上品で良識的な日本のメディアは、プライヴァシーと人権に配慮して、国税庁がお歴々の脱税を摘発するまで、沈黙をまもるおつもりのようだ。

〈罰として〉尻をたたくこと

2015.05

フランス語の gifle（ジッフル）にはすぐ「ビンタ」という日本語をあてることができる。この行為は日本の軍隊で猛威をふるったし、いまでも部活などで横行しているからだ。fesse（フェス）は「尻」。これから派生した fessée（フェセ）は日本語で一語にならない。仏和辞書は「〈罰として〉尻をたたくこと」と説明している。子どもをうつむけに膝の上に乗せて（ときには尻を丸出しにして）尻をたたくお仕置きである。

四七カ国が加盟する欧州評議会は一九四七年設立。人権の擁護に力を注ぎ、フランス・ストラスブールに欧州人権裁判所を置いている。三月四日、この機関が、フランスも批准している欧州社会的権利憲章第一七条が「児童・少年少女を放任・暴力・搾取から保護する義務」を定めているのに、「体罰を十分に明白かつ強制的かつ精細に禁止する法的整備」を怠っていると指弾した。

この種の問題では模範的なスウェーデン（一九七九年）に始まり、フィンランド（一九八三年）、ノルウェー（一九八七年）、オーストリア（一九八九年）、デンマーク（一九九七年）、ドイツ（二〇〇〇年）と続き、今では加盟四七カ国のうち二七カ国が体罰を法律で禁じている。世界では四四カ国。軍隊、学校のみか家庭においても。

フランスでは軍隊、学校では禁止だが、親の懲罰権は認められている。これが問題とされた。フランスのみならず、アメリカなどの児童精神医、児童心理学者らの研究によって、体罰には教育的効果はないこと、体罰を受けた子どもは攻撃性を増し、大人になって自分も体罰を加えるようになることが証明されている。

ところが世論調査ではフランス人の大人の八〇％が体罰禁止に反対。親の権威が失われる、個人生活に介入するな、という理由である。

「他人や自分の妻を殴れば、いや動物を殴っても罰せられる。子どもは別なのか」「フランスでは子どもは権利の主体と見なされていない。親の持ち物視されている」と禁止派は慨嘆している（『ル・モンド』三月一四日付＋電子版）。

とどめの一撃

2015.06

ハイデガーが一九三三年にナチスに入党し、四五年まで党費を払い続けていたこと、そのため、戦後、教職から追放されたことは周知のことだった。にもかかわらず、サルトルが『存在と無』(一九四三年)でフッサールとハイデガーに依拠して実存主義を鼓吹したのをきっかけに、デリダの脱構築にいたるまで、二十世紀後半のフランス哲学はハイデガーの圧倒的な影響のもとに置かれていた。

『ハイデガーとナチズム』でV・ファリアスがハイデガーのナチス関与の詳細を明らかにした一九八八年から翌年にかけて、フランスでは激しい論争が繰り広げられたが、デリダやその取り巻きのJ-L・ナンシーらはハイデガーの哲学と政治行動は無関係という立場を崩さなかった。

二〇一四年三月、『黒ノート』の刊行。その時々の読後感や考えをハイデガーが記していた黒い表紙のノートブック三六冊のうち一九三一―四一年分である。そこでは、大地に根を下ろしていないデラシネ、計算に秀で陰謀にたけた「世界ユダヤ人集団」が「存在の歴史」を破滅に追い込もうとしているという、床屋政談レベルの反ユダヤ主義にもとづいた世界観があけすけに展開されていた！

それでは、一九七五年以来刊行されてきた全集、世界中の研究者が典拠としてきた八〇巻あまりはいったい何なのか。出版元のヴィトリオ・クロステルマン社は小さいながらも信用のある真面目な出版社である。このままでは社運が危うい。同社は二〇一五年四月はじめ、三〇年代と四〇年代のテクストを収録した巻の校訂責任者全員に質問状を送った。手書きの原稿と遺族から承認されたコピーのあいだに異同はないか、削除されている箇所はないか、追加された箇所はないか、読み間違えはないか……。校訂責任者のなかには怒る者もいたが、実は、一部を除いてすべての原稿は遺族が管理していて、自由にアクセスできない。

ドイツ出版界、始まって以来のスキャンダルと言われている（『ル・モンド』四月七日付）。

アイルランド　憲法改正国民投票

2015.07

「婚姻は性の区別なしに二人の人間により合法的に契約することができる」。

五月二二日、アイルランドで、この文言への賛否を問う国民投票がおこなわれ、六二％の賛成で憲法が改正された。同性婚の承認を国民投票で決めたのはアイルランドが初めてである。これで同性カップルにも異性カップルとおなじ法的権利、法的保護が認められることになった。

アイルランドはカトリック教会の影響力が強大で、社会道徳的にきわめて保守的な国である。国民の八四％が信徒であることをみずから認めている。小中学校の九〇％が教会経営である。公共ラジオ局がいまだに毎日二回、アンジェラス（お告げの祈り）を放送している。一九九五年まで、離婚は禁止されていた。一九九三年まで、同性愛は刑法罪であり投獄の理由となっていた。一九七三年まで、既婚女性が公務員になることは禁止されていた。二〇一三年、妊娠中絶が合法化されたが、母親の生命の危険が医学的に立証された場合に限るというきびしい条件付き。強姦や近親相姦による妊娠の場合でも認められていない。いまでも、毎年四〇〇〇人あまりの女性がイギリスに行って中絶手術を受けている。

今回の国民投票は政府与党だけでなく、野党も賛成した。国会議員二二六人中、反対投票をしたのは六人のみ。

世論の動向を察知したカトリック教会権力はみずから前面に立つことを控え、信徒団体を介して反対運動を展開したが及ばなかった。教会にとっては大きな敗北である。この二〇年間で教会の影響力が大幅に後退したのは教会自身に責任がある。二〇〇九年、学校や少年院などで、数千人に上る子どもたちが聖職者の小児性愛の犠牲になっていることを知りながら教会上層部が三〇年間あまり隠蔽してきたことが暴露されて、権威が失墜してしまった。いまや教会に行くのは洗礼、結婚、葬儀の時のみという信徒が増えている、という（『ル・モンド』五月二六日付＋電子版）。

この問題、対岸の火事ではない。日本の人々はどう対処するつもりか？

50 × 20 = 1,000

2015.08

サウジアラビアの知識人ライフ・バダウイは、二〇〇八年リベラル・サウジ・ネットワークというサイトを立ち上げ、ワッハーブ派の厳格主義イスラム教による社会支配を皮肉かつ辛辣に批判するブログを発信しはじめた。二〇一二年六月に逮捕され、一四年五月、禁固一〇年、鞭打ち一〇〇〇回を宣告された。鞭打ちは一度につき五〇回、これが金曜日ごとに二〇度繰り返される。二〇一五年一月九日、第一回目の鞭打ちが公開の場で加えられた。「中世的」「野蛮」「残酷かつ非人道的」「人間の尊厳の侵害」というアメリカやEUなどのきびしい批判を浴びて、当局は二回目以降を延期した。しかし六月、最高法院は判決を追認した。

言論封殺の犠牲者はライフ・バダウイにとどまらない。ネット・フォーラムの主要なメンバーはすべて投獄された。ライフ・バダウイの弁護士クアリッド・アブー・アルカイルは、宗教および法廷侮辱罪による一五年の禁固刑で獄中にある。

「良心の囚人」のために勇猛果敢、不屈なたたかいを進めているのが、ライフ・バダウイの妹でアルカイルの妻であるサマル・バダウイ（三十三歳）。早くから、女性の自動車運転禁止、学校でのスポーツ禁止、男性親族の許可なしの出国禁止に反対するフェミニズム運動を展開。二十六歳で父親への不服従罪で七カ月の禁固刑。女性の投票権獲得運動を展開して、二〇一五年の地方選での実施を前国王に認めさせた。一二年以降は兄と夫の解放を国連人権委員会などで訴えた。西欧諸国政府の亡命受け入れの申し出を断って国内に留まり、民主化要求運動の「スポークスウーマン」役を担っている。

「サウジアラビアはイスラム教のもっとも反動的な教義を国是とし、これを国内で野蛮な形で適用し、国外に広めようとしている」。「イスラム過激派とサウジアラビアのイデオロギー的共犯関係」は否定できない（『ル・モンド』六月一〇日付社説）。

「ぼくらの民主主義」が大切なら、「ぼくらにも民主主義を」とたたかっている「あの人たち」を支援するのが筋ではなかろうか。

ふつうの国へ?

2015.09

読者の目に触れるのは九月。それでも、七月一六日、衆議院を突破した時点で、『ル・モンド』社説(七月一九/二〇日付)が安保法制問題をどう分析しているか、紹介すべきであろうか?

「まだ紙の上の話だが、日本が戦争のできる国になろうとしている。一九四五年以後のアジア太平洋地域における最大の戦略的転換である。国内で日本のアイデンティティの中核となっていた平和主義的伝統と海外における高い評価、これは近隣諸国にきわめて苦い記憶を残した軍国主義的・ウルトラナショナリスト的・植民地主義的な過去に対する贖罪の意味をもつものであったが、この路線から遠ざかろうとしている」。

「デモ、署名運動、学者たちのアッピール、世論調査……。国民の過半数はこの方向転換に反対している。新しい愛国主義と一体の戦後の平和主義の伝統に愛着を抱いている」。

「安倍首相は国際舞台であまりに地味な地位から脱却すべきである、経済力に見合った役割、『ふつうの』国の役割を果たすべきだと考えている」。

「しかし、中国の大国化にともなう地域環境の変化を語るとき、首相は間違っていない。中国は東・南シナ海のすべての近隣諸国と領土紛争を起こしている。重要なのはこれら紛争自体ではない。中国がこれら紛争に対処する際の一方的、そしてしばしば乱暴なやり方である。海上・空中での威嚇的行動。帰属問題のある岩礁での人工島建設と軍事目的に転換可能な施設の建設などである」。

「東・南シナ海における持続的な緊張を理解するためには以上のような要素をすべて取り混ぜて考察しなければならない」。

ちょっと気になるのが社説のタイトル。「日本、平和主義のポーズ posture pacifiste を捨てる」。素直に「平和主義」pacifisme と言っていない。

実は、一九五〇年以来、名前はともかく、日本に「国軍」が存在すること、今や日本は軍事費で言うと世界第六位の大国であることを知っているからである。

シンゾー・アベのあいまいな日本

2015.10

『ル・モンド』社説（八月一八日付）「シンゾー・アベのあいまいな日本」を紹介する。

「大江健三郎のノーベル賞受賞講演のタイトルは『あいまいな日本の私』だった。この一句は戦後七〇年にあたり安倍首相が発表した談話を読んだ、アジア諸国また日本の多くの人々の感想を代弁している。たしかに『侵略』『痛切な反省』『植民地主義』といった語は使われている。しかし首相の――一般的あるいはあいまいな――表現の仕方は真の悔悟よりは建前の平和主義を述べている印象を与える」。

『わが国は（…）繰り返し、痛切な反省と心からのお詫びの気持ちを表明してきました（…）こうした歴代内閣の立場は、今後も、揺るぎないものであります』。言うやよし。しかしそう断ったあと、彼は国の責任を希薄化する。『多くの女性たちの尊厳や名誉が深く傷つけられた』とは言っても、帝国の軍隊のために売春を余儀なくされた何万人という従軍慰安婦のことに明白に触れることをしない」。

「首相の戦争責任否定主義的な信念、継承した家族遺産（祖父の岸信介は戦争犯罪の廉で逮捕されたが、後に首相になった）、国粋主義的右翼（日本会議）への依存、これらの要因を考慮すると、この談話では、首相は一歩退く戦術に出たと言える。彼の歴史修正主義を警戒する国民の平和主義に配慮したから、これ以上中・韓との関係を悪化させまいとしたから（アメリカもそれを望んでいない）である」。

「それに対し、ある一点では明快であった。来るべき諸世代に『謝罪を続ける宿命を背負わせてはなりません』。謝罪が国の尊厳を損なうかのように考える首相と右翼勢力の硬直した姿勢は問題の根元を隠す結果になっている。日中韓三国は戦後七〇年経った今も、調和的な歴史観を作り出していない。また、日本国内で天皇や歴代首相の発言を否定するような非常識な発言が横行し、不信を招いている」

「一九七〇年、ドイツのブラント首相はアウシュヴィッツの犠牲者慰霊碑の前で跪いた。彼はドイツ国の名誉を損ない、ドイツ国のイメージを低下させただろうか?」

ワリ・モハムマディの警告

2015.11

ワリ・モハムマディは一九八七年、アフガニスタンのカブールに生まれた。

軍人だった父親は九九年タリバンに殺された。母親は二〇〇二年、爆弾テロの犠牲になった。ロンドンに移住していた姉に合流すべく国を出た。十四歳だった。トルコからエーゲ海をゴムボートで渡り、ギリシアに着いた。コンテナーに隠れてイタリアに渡り、さらに鉄道でフランスへ。北仏のカレー市にたどり着いた。カブールを出て、三カ月後だった。そこで、人道活動家の夫婦の養子になり、〇八年、フランス国籍を取得した。職業高校に通い、パン・パティスリー製造職人の資格を取得したが、独学を続け、バカロレアを受け、リール大学法学部に進学。現在、国際関係論の修士課程に在学中。外交官試験を目指している。アフガン人の妻との間に一歳の男児がいる。

生活費と学費を稼ぐために、週二八時間、国境警察、病院、児童養護施設、各種行政機関、赤十字、世界の医療団などに通訳サービスを提供する機関で働いている。一四二言語の需要があるが、ワリはペルシャ語、ダリ語、パシュトゥ語、タジク語の四言語を担当している。

二〇一〇年以来、五年間で、一万人余りの聞き取り調査をした。九割は男性、しかもその八割は未成年である。単に通訳としてのみならず、社会学者・心理学者・プロファイラー・調査員・カウンセラーとして接しているわけである。

深刻化する難民問題について、ワリは悲観していない。自分を受け入れてくれたフランス、また、独仏を中心としたEUの対処に期待を寄せている。その一方で、警告を発することも忘れていない。

「難民の中にはかならずテロリストが紛れ込んでいます。わたしはそれを言い続けていますが、聞いてもらえません。危険な人物を見抜けない通訳もいます」(『ル・モンド』九月二二日付)

難民受け入れの問題は、認定の基準を緩和するといった法的処理で済むものではない。居住地域、住宅、言語教育、職業斡旋、児童の教育などの体制の整備と同時進行でなければ、数々の難題が発生する。

ＶＷの歴史的汚点

2015.12

フォルクスワーゲン Volkswagen は「国民車」。一九三四年、ナチスの労働戦線組織「悦びを通じて力を」Kraft durch Freude の発案によって製造された KdF Wagen が始まりである。一〇〇〇マルク（当時の労働者の賃金五カ月分に相当）で買える車をつくって、労働者を国家社会主義に取り込もうとしたのである。

これは誰もが知っている史実だが、あまり知られていない史実がある。

このプロジェクトの指揮を任された技師Ｆ・ポルシェは、チェコの自動車製造会社タトラ Tatra 社の技師Ｈ・レドヴィンカが数年前に設計した当時としては先駆的なモデルＴ97をほとんど丸写しして「国民車」をつくったのだ。それがばれるのを避けるため、ナチスは、一九三九年のベルリン・モーターショーでＴ97の展示を拒否した。戦後の一九六一年、タトラ社が模造を告発して起こした裁判に敗訴したＶＷは三〇〇万マルクの罰金を支払ったが、以後、あのビートルを二一〇〇万台売って、世界のトップメーカーの仲間入りした。

ＶＷの歴史的汚点はそれにとどまらない。いま、グループの一二ブランドの一つになっている高級車アウディ社は、二〇〇九年、創立一〇〇周年を大々的に祝った。だが、歴史はそれほど単純でない。創立者A・ホルヒは、一九三〇年代の不況下、他の競合三社と合併してアウト・ユニオン社をつくったのだが、この会社はナチス支配下のドイツで体制のプロパガンダ機関化し、ハーケンクロイツ旗をひるがえす同社のレーシング・カーがサーキットを疾走した。戦後、一九四六年、同社の工場は解体され、所在地ケムニッツ市の企業名簿から抹消された。再建されたのは一九六〇年代。二〇〇九年が一〇〇周年と言い張ることには無理がある。

ＶＷ社のモットーは Das Auto。これはＩＢＭ社が自社の製品を The Computer と、Apple 社が自社の製品を The iPhone と名づけるようなものである。ＶＷのいまの憂き目は体質と化した傲慢の報いかもしれない（『ル・モンド』一〇月八日付）。

緊急事態の常態化？

2016.01

アメリカの九・一一、日本の三・一一とおなじく、一一・一三はフランスを「その前」と「その後」に分けた。

一月のシャルリー・エブド事件に続いて、一三〇人の犠牲者と三五〇人の負傷者を出した今回の同時多発テロの直後、オランド大統領は「フランスは戦争状態にある」と言明し、「緊急事態」état d'urgence を宣言した。一九五五年に制定されたこの制度はアルジェリア戦争中に三度発令された。それ以外は二〇〇五年一一月から翌年始めにかけて、全国の大都市周辺部で頻発した暴動の際である。フランス社会はアラブ系アフリカ系の移民二世三世を統合できないでいる。貧困と非行のなかに放置されている若者数百人が、かつてはイラク、いまはシリアで「聖戦」の戦士になるべく軍事訓練を受け、「帰国」の機会を窺っている。

緊急事態発令下では、内務大臣ないし県知事（フランスでは政府が任命する官僚）は様々な公的自由を制限する権限を与えられる。夜間外出禁止令。危険人物の交通・滞在規制。居住地指定。劇場・映画館・コンサートホール、バー、さらには公共施設（学校、美術館など）の閉鎖。各種集会の禁止。裁判所の許可不要・時間制限なしの家宅捜索。報道・言論の規制も可能である。

政府が発令する緊急事態の期限（一二日間）を延長するには議会の承認が必要である。国民議会（一九日）、上院（二〇日）ともに、ほぼ全会一致で三カ月の延長を認めた。

二三日現在、九日間の「成果」は、家宅捜索一〇七二件。居住地指定二五三件。武器没収二〇一件。職務質問一三九人（うち拘留一一七人）。麻薬摘発七七件。

『ル・モンド』（一一月二五日付）は、社長署名の社説で、警察国家化を危惧し「緊急事態からの脱却」を説いたが、世論は全体として治安最優先を支持している。

共和国の土台である「自由・平等・友愛」に愛着しているはずのフランスの人々。偏狭な愛国主義ナショナリズムと排外的人種主義に流されてしまうのであろうか。筆者のフランスの友人たちは、みな、深く憂慮している。

（一二月六日記）

サンバーナディーノ

2016.02

昨年一二月二日、米ロサンゼルス市東方九〇キロ、人口二〇万人のサンバーナディーノ市の保健衛生課の職員約八〇人はクリスマスツリーが飾られたホールで歳末昼食パーティを開いていた。そこに、戦闘服、黒覆面の二人組が闖入、銃を乱射。死者一四人、負傷者一七人。逃走した犯人は四時間後、警官隊に射殺された。

アメリカでは二〇一五年一月一日から一二月一日の間に、死者四人以上の「大量射殺事件」が三五一件発生している。二日の事件も怨恨や精神錯乱などが原因の出来事かと思われた。

犯人は犠牲者たちの同僚、サイード・ファルーク（二十八歳）とその妻タシュフィーン・マリク（二十九歳）だった！

ファルークは両親がパキスタン出身の移民二世。地元の大学を出て、五年前、市職員になった。一日五回の礼拝を欠かさず、ラマダンには断食し、地元のモスクに通う忠実な信徒であり、控え目な人柄で、同僚との折り合いもよかった。二〇一三年と一四年七月にメッカ巡礼と同僚に告げて、サウジアラビアを訪れていたが、過激化した気配は一切なかった。

妻のマリクはパキスタン・パンジャブ地方の中流階級生まれ。サウジアラビア育ち。高校卒業後、帰国し、ムルターン市の大学で薬学を学びながら、女子向けのコーラン学院に通った。ムルターン市もこの学院もイスラム原理主義の影響が強いことで知られている。二〇一四年七月、インターネットの出会い系サイトで知り合ったファルークの婚約者としてアメリカに入国、結婚、一女をもうけた。しかしアメリカでの一年半、ほとんど人と交わることのない生活を送った。夫も妻もFBIの厳重な警戒網から漏れていた。

主犯はどうやらマリク。彼女は出動数分前、フェイスブックで「イスラム国」(IS)首領への忠誠を誓っていた。だが、ISが彼らにテロを指示した形跡はない(『ル・モンド』一二月四日/五日/七日付)。

日本でテロが起きるとしたら、ISが直接関与した組織的・大規模なパリ型でなく、サンバーナディーノ型の一匹狼的単独テロなのではないか。

国連と二十一世紀の戦争

2016.03

国連の潘基文事務総長の任期は今年末まで。後任が年内に決まる。不可欠な機構改革、喫緊の安全保障行動をリードできる人物を選べるのか。『ル・モンド』が「国連と二十一世紀の戦争」と題する四ページの特集を組んでいる。

一九四五年に創設された国連の第一の目的は平和と安全であり、それを担当する機関が安全保障理事会である。しかし冷戦下では、拒否権をもつ常任理事国が、米・英・仏とソ・中の二グループに分かれて激しく対立していたために十分に機能せず、アフリカや中東、バルカン半島の紛争地域における平和維持活動（Peacekeeping operations=ＰＫＯ）に限られていた。現在、約一二万人の要員が一六の国・地域で活動している。反乱軍やイスラム過激派勢力と戦闘を行っている場合もあれば、停戦監視や民間人保護にあたっている場合もある。

「青い兜」(blue helmets/casques bleus) と呼ばれるPKO部隊は、事変のたびに国連の要請に応じて加盟国、それも主としてインドやパキスタン、エチオピア、ガーナ、チャドなど貧困な国が提供する兵士からなる部隊であるので、装備、武器は貧弱、十分に訓練されていないため、任務を果たし得ていない場合が少なくない。

冷戦終結後は安保理の機能麻痺は解消した。しかし、国連は、二十一世紀型の危機に対処しえていない。ウクライナ紛争、シリア内戦とイスラム国組織(IS)の勢力拡大、それに伴う難民の大量発生、国境なきテロ事件の頻発に対していかなる関与もしていない。いま国連に課せられているのは、平和維持活動でなく、平和構築活動 (Peacebuilding operarions) であり、真の意味での集団安全保障を実行しうるような抑止力を備えた国連軍の建設である(一月一九日付)。

一九三の加盟国のなかでも、日本は第三の経済大国。多大な分担金も拠出している。安保理の常任理事国になり、世界の平和と安全に積極的に寄与することが求められている。SEALDsのメンバーも含めて、日本の若者たちが正面からリアルに取り組んでいかなくてはならない課題である、と考えるのだが。

あとがき

早い段階から、「加藤は『ル・モンド』にこと寄せて自分の言いたいことを言っている」と、友人たちに見抜かれた。フランス語の intervenir（英語 intervene）は「介入する」という意味だが、「言葉で介入する」つまり「討論に割って入って発言する」をも意味する。大げさかもしれないが、ここに収めたテクスト一篇一篇は、自分が生きている現実への自分なりの intervention「介入＝発言」＝「アンガージュマン」であった。

「介入」の動機はメディア批判、「わたしが見ている日本の新聞」（「読んでいる」とはあえて書かないことにしていた）に代表されるメディアに対する批判である。

ＮＩＥ（エヌ・アイ・イー）とかいうものがあるそうだ。Newspaper in Education の略号で、学校で新聞を教材として活用し、「社会性豊かな青少年の育成」を目的とする事業で日本新聞協会なるものが推進しているという。戦争中の新聞記事を使って、新聞がいかに嘘をつくかを教え、青少年の豊かな批判精神を育成するというのであれば理解できる。たとえば第六八回の夕イトル「進め悠久大義の道」（二〇〇八年一〇月号）は、一九四三年一〇月二一日、明治神宮外苑競技場で挙行された「出陣学徒壮行会」の模様を伝える翌日の『朝日新聞』の見出しである。この記事をいまの青少年に読ませて討論をさせれば、さぞ効果的だろう。

第九六回「メディアの豹変」(二〇一一年三月号)に書いたが、「新聞は嘘をつく」というのがわたしの社会認識の始まりだった。十歳のときである。フランスではナチス占領下で発行されていた新聞は、一九四四年八月のパリ解放後、すべて廃刊になった。「あいまいな国」日本では、何ごともなかったかのようにそのまま存続した。「鬼畜米英」「撃ちてし止まん」「欲しがりません、勝つまでは」が「マッカーサーさまさま」「アメリカン・デモクフシー万々歳」に豹変しながら、敗戦前とおなじように「社会の木鐸」気取りを続けた。

日本のメディアはまず、伝えるべきことを伝えない。

たとえば調査報道(journalisme d'investigation)である。口先だけで実践しない。

第九五回「世界の五大紙誌」(二〇一一年二月号)をお読みいただきたい。

機密情報暴露サイト「ウィキリークス」から提供されたアメリカ国務省の二五万点あまりの外交公電のかなりの数を、イギリス、アメリカ、スペイン、ドイツの四紙誌とともに、『ル・モンド』は、連日、公表し分析した。これらの公電は、アメリカの二七〇の在外公館職員が、それぞれの国の政治家・経済人・官僚・知識人・ジャーナリストと会談した内容を本省に報告している文書である。ところが「わたしの見ている日本の新聞」つまり『朝日新聞』は社説で、情報公開の是非は「公益の重さを中心に判断するべきである」と言って、いっさい報じなかった。ウィキリークスが入手した文書のなかに在日アメリカ大使館の高官が本省に送った公電が含まれていないはずはない。日本の政治家・経済人・官僚・知識人・(『朝日新聞』の記者を含む)ジャーナリストがアメリカ大使館に招かれて話したことが彼らの氏名と共に報告されていないはずがない。なぜ、『ル・モンド』のように、公表しないのか?

第一四五回「超ダサイお歴々」(二〇一五年四月号)をお読みいただきたい。

「調査ジャーナリスト国際コンソーシアム」the International Consortium of Investigative Journalists(ＩＣＩＪ)と連携して、世界四七カ国の六〇のメディアの一五四人のジャーナリストを動員して、『ル・モンド』はスイスのＨＳＢＣ銀行が顧客のために開設している秘密口座約一〇万件の名義人を調べ上げた。「スイスリークス」と呼ばれるスキャンダルである。「欧州諸国が六年にわたる金融危機の後、財政再建に苦しんでいるとき、中間階級が税負担の重荷に耐えているとき」富裕階級が秘密口座を設けて脱税をしていることは黙過できない、というのである。ところが「わたしの見ている日本の新聞」はＩＣＩＪと協力関係にあると誇らしげに言いながら、この件についてはひと言も触れない。ＩＣＩＪのサイトにはプリツカー賞を受賞した超有名な日本人建築家の名が写真入りで載っているにもかかわらず……。「わたしの見ている日本の新聞」だけではない、あれほどスキャンダルが大好きな、有名人のプライヴァシーをほじくり出して槍玉にあげ、庶民のルサンチマンを掻きたてることを商売にしている日本の週刊誌もまったく取り上げなかった。これはおそらく偶然ではないだろう。

パナマ文書についてもおなじである。連載終了後なので報告することができなかったが、ＩＣＩＪが入手した、パナマの法律事務所の一一五〇万件の文書を七カ月間にわたり、七六カ国の一〇七のメディアが協力して分析し、世界の企業・個人が設立した二一万四〇〇〇の脱税目的の法人の名と名義人を公表した。『ル・モンド』は四月五日付、七頁、六日付、七頁、七日付、五頁、八日付、五頁、九日付、三頁を費やして、外国の政治的首脳やその縁者、フランスの企業や政治家・経済人らの脱税行為を詳細に報道した。ところが「わたしの見ている日本の新聞」は、二〇一二年六月以来ＩＣＩＪと提携していると言いながら、断片的な記事、しかも外国の新聞に載った全般的な事実経過を伝えるのが主である。日本企業が関係しているのは約二〇社、個人は約二三〇人と言いながら、企業の場合は、名前を挙げても、外国との取引の便宜のためという弁明、個人の場合は匿名という条件を受け入れてから、その弁明をそのまま無批判に伝えるのみ。「調査報道」を実践していない。「脱税」と言わす「節税」「租税回避」と言うのもおかしい。

大企業からの広告収入がなくなれば日本の新聞はつぶれる。政治家の片言隻句を取り上げて「報道の自由」の侵害と騒ぎ立てるけれども、本当の脅威については黙して語らない。他の新聞とも話し合った上で「自主規制」を決め込んでいるのではないか。

伝えるべきことを伝えないのは困りものだが、日本のメディアでもうひとつ困るのは、その根底的なコンフォーミズムである。具体的な問題をリアルにとらえ、リアルな対策を示さない。内容空疎で非現実的な語句を並べるだけのことが少なくない。

たとえば、第八三回「希望から失望へ」（二〇一一年二月号）をご覧いただきたい。

二〇〇九年一二月にコペンハーゲンで開催された気候変動枠組条約第一五回締約国会議（COP15）について、『ル・モンド』は「挫折」と評価し、社説を「失望」と題した。挫折の責任は中国にあるとして、いまや、あらかじめ米中間の合意がない限り、世界の重大問題はなにひとつ進展しない、と書いた。この会議で、日本代表団はいかなる役割も果たしていない。にもかかわらず「わたしの見ている日本の新聞」は社説を「来年決着へ再起動急げ」、そのために「日米連携を組み直せ」と結んでいる!!

この新聞、社説でしばしば「〇〇せよ」と勇ましいのだが、実は現実性のない空文句を並べる。本気なら、その後、言ったことをフォローして検証するかと思えば言いっぱなしである。

第八六回「日本『外交』の勝利?」（二〇一〇年五月号）をご覧いただきたい。ドーハで開催されたワシントン条約締約国会議での日本代表団の活躍（?）ぶりの詳細を『ル・モンド』は揶揄的に報じた。ところが「わたしの見ている日本の新聞」はまったく無批判に日本の成果を称えるのみである。

やはり連載終了後のことだが、七月一四日の新聞は今上天皇が生前退位の意向を述べていることを大々的に伝えた。わたしは、即座に、ほとんどすべての国民と同様（と思う）、そのご意向をかなえて差し上げたい、必要ならば皇室典範を改正すればよいではないか、と思った。[1]

ところが翌日の新聞では、宮内庁長官は否定した、官房長官も皇室典範の改正を考えていないと言っている、と伝えた。そして前日とは打って変わってトーンダウンし、あいまいな論調になった。社説のタイトルは「象徴天皇考える契機に」。賛否を明らかにしない。結びがふるっている。

「議論の過程を透明にし、これからの天皇や皇室のあり方について、国民が考えを深める環境をととのえる。政府、そして、国民を代表し、唯一の立法機関として最終判断を下す国会には強くそのことを求めたい」!!

天皇の意向を無視し、その人権を軽視しながら、宮内庁や政府の意向に逆らう気がまったくない。しかし何か言わなければならない。そこでまったく内容のない字句を並べてごまかす。読者はそんなことを新聞ごときに教えてもらう必要はない、と怒ったことだろう。

メディアの実態に関しては、「わたしの見ている日本の新聞」御用達の知識人の責任も見逃せない。新聞の路線から大きく踏み外すことのないように細心の注意を払いながら、良識を踏まえた体制批判的な論陣を張る。わたしの畏敬する先輩、平川祐弘氏はそのような芸当はできないから、加藤周一と大江健三郎を「『朝日新聞』の御用知識人」と書いて、地方新聞に連載していたコラムの掲載を拒否されてしまった。「このご両人を批判する文章を載せる新聞は中央紙も含めて日本にありません」と言われたという。(2) 第六二回「書かれたものの力」(二〇〇八年四月号)で紹介した大岡昇平は、『俘虜記』で、原爆について日本人の自業自得と言っている。いまや、こんな雄勁な知識人には、「わたしの見ている日本の新聞」からはけっしてお座敷はかかってこないだろう。

このような惨状を打破する唯一の道は、『ニューヨーク・タイムズ』や『ザ・ガーディアン』、『ル・モンド』、『南ドイツ新聞』を読みこなす若者が飛躍的に増えて、日本のメディアを批判することである。そして新聞社内の若手記者と連携することである。

体制とのなれ合いにどっぷりつかった、すれっからしの幹部記者たちには期待できないが、新聞社の若手には、このままではいけないと、悩みながら模索している記者たちがたくさんいるはずである。その人たちと連帯して日本のメディアを改革していくことは不可能ではない。ユトピックすぎるかもしれないが、そのような期待を抱きつつ、ささやかながら今後も務めていきたい。

一九七六年一〇月一八日(月)、はじめて藤原氏に会った。ちょうど四〇年前である。いまはなくなってしまったが、新宿の滝沢談話室であった。振り返れば、藤原氏の大きな掌の上で舞い踊っていた、ということになろうか。一三年間、その遊びを見守ってきてくださった包容力、そしてその痕跡をこのような形で世に出してくださる広量に対して、感謝の言葉を知らない。

溝尻敬、山﨑優子のお二方をはじめとするかつての担当者の方々に厚く御礼申し上げる。とりわけ二〇〇八年一月号から最終回まで、八年あまりお世話になった小枝冬実さんのゆきとどいた緻密な仕事ぶりに深甚な感謝を申し上げたい。文章は削れば削るほどよくなる、というのはパスカルの教えだが、文章作法の上でもいろいろご教示いただいた。有り難うございました。

二〇一六年七月二〇日

加藤晴久

注

（1）わたしは、二〇一三年一一月四日に、『朝日新聞』「声」欄に次の文章を投稿した。不採用だった。

「日本の誇り」

無職　加藤晴久（東京都　78）

「79歳の誕生日にあたり、宮内記者会の質問に答えた回答で、美智子皇后が「五日市憲法草案」に言及されたとの記事を読みました。明治憲法公布以前に地域の普通の市民たちが基本的人権の尊重、教育・言論・信教の自由、地方自治を提唱していたことについて、「近代日本の黎明期に生きた人々の、政治参加への強い意欲や、自国の未来にかけた熱い願いに触れ、深い感銘を覚えた」とのこと。いまの世界状況、そのなかでの日本の動向を冷静に観察された結果としての感懐と推測します。

そこで思い出したのが、一九八九年一月九日、国事行為としておこなわれた「即位後朝見の儀」で今上天皇が述べられた「お言葉」です。「皆さんとともに日本国憲法を守り、これに従って責務を果たすことを誓い、国運の一層の進展と世界の平和、人類の福祉の増進を切に希望してやみません」。

天皇は皇后の今回の「回答」にあらかじめ目をとおしておられたことでしょう。お二人の憲法についてのお考えは同一、そして昔から一貫しているものと推測されます。深い洞察にささえられた高邁な思想を共有し、日々、公務で実践しておられる二人のすぐれた「知識人」を国民のシンボルとしていただいている国は、世界を見わたして、他に見当たりません。日本人のひとりとして誇りに思います」。

退位の意向表明を伝えた『ル・モンド』の記事（電子版七月一四日付）は自民党の憲法改正案では天皇は「国および国民統合の象徴」から「国家元首」になるとされていることを伝えた後、次のように書いている。

「天皇には政治的権限はないが、安倍首相の諸選択を必ずしも常に認めてはいないようだ。第二次大戦中の昭和天皇の役割についてはいまだに論議がなされているが、その後継者である平成天皇は平和への愛着と、日本軍国主義の犠牲となった国々、とりわけ中国と朝鮮との和解への愛着を常に表明してきた。二〇一五年、終戦七十周年にあたり、この戦争への「深い反省」を表現した」。

（2）以下に『朝日新聞』「声」欄への投稿をいくつか転写する。いずれも不採用だったが、二〇一六年になって、アメリカ、バングラデシュ、イラク、フランス、ドイツ、アフガニスタンと続くテロ事件に接して、私の主張には根拠があることが裏付られたと思う。

①二〇一五年二月一三日送信

「表現の自由」

無職　加藤晴久（東京都　79）

『わたしの紙面批評』（二月一〇日）で斎藤美奈子氏は、シャルリー・エブド事件について朝日新聞は、はじめのうち「印象に依拠して」描く側の論理に「偏って」「拙速かつ危険」な論じ方をしていたが、一月二〇日以降、描かれる側の論理にも「思いをいたす」ようになった、「両論の端緒についた」と評価しています。これではまるで喧嘩両成敗・それがトレランスなのだと言わんばかりです。「表現の自由」はどうなるのでしょう。それより前の『論壇時評』（一月二九日）で高橋源一郎氏は「表現の自由を叫ぶ前に」として「わたしにも意見はある。だが、書く気にはなれない」と書いています。いずれも「節度と思慮」（一月一九日社説）に富んだお立場か。でも、お二人にうかがいます。一九八九年、イランの最高指導者は『悪魔の詩』の作者ラシュディ氏に死刑宣告（ファトワ）を出しました。いまだ取り消されていません。一九九一年、この小説の訳者、五十嵐一氏は筑波大学の研究棟廊下で首を搔き切られて殺害されました。この件について、どうお考えでしょうか。五十嵐さんは自業自得なのでしょうか。

第三書館が発行した「イスラム・ヘイトか、風刺か」。在日パキスタン人協会が出版社前で抗議デモを予定していると伝えています（一月二一日付）。おなじパキスタン人であるマララさんが銃撃された事件について、この人たちがどう考えているか、取材した記者はなぜ尋ねなかったのでしょうか」。

②二〇一五年二月一五日送信

「表現の自由」

無職　加藤晴久（東京都　79）

「二四日朝刊は、第三書館発行の『イスラム・ヘイトか、風刺か』に抗議して在日パキスタン人たちが抗議デモをおこなった、「本の出版は日本の平和を壊し、海外にいる日本人を危険にさらすと主張。本の販売中止を求めた。一方で多くの書店が本を店頭に並べない対応を取ったことを評価した」と写真入りで伝えています。

　この「主張」は脅迫そのものではないでしょうか。総理大臣の靖国参拝を批判した人たちのもとに、日教組の教研集会に会場を貸した機関に、戦争協力責任の過去を自己批判した大学などに、街宣車で押しかけてわめき立てる右翼の行動とどうちがうのでしょうか。

　出版社に押しかけたパキスタン人たちは、おなじ国のマララさんが銃撃された事件について、またその後の彼女の言動について、どう考えているのでしょうか。

　わたくしたち日本人は、表現の自由否定のテロ行為がすでに二四年前の日本で起こっていることを忘れてはなりません。一九八九年、イランの最高指導者は『悪魔の詩』の作者ラシュディ氏に死刑宣告（ファトワ）を出しました。いまだ取り消されていません。一九九一年、この小説の訳者、五十嵐一氏は筑波大学の研究棟廊下で首を掻き切られて殺害されました。五十嵐さんはイスラム教徒の純粋な信仰心を傷つけた、だから自業自得だ、ということなのでしょうか」。

③二〇一五年一一月二九日送信

「Think and act」

無職　加藤晴久（東京都　80）

「天声人語（一一月二六日付）によると「全国に八二〇万戸もの空き家がある」そうです。

そこで考えました。

これらの空き家のうち二〇〇〇戸（全体の〇・〇二五％）を政府が買い上げる。一戸あたり五人として、シリア難民四〇〇〇万人（グレーテス国連難民高等弁務官インタビュー。一一月二七日付）のうちの一万人（四〇〇〇に一人）を迎え入れる。着の身着のままだから、衣類を提供する。ハラル処理済みでないといけないかどうかはともかく、ブタは食さない。特別に配慮した食事を提供する。電気ガス水道料金を負担するのはもちろんだが、当面の生活費を提供する。日本語で最低限のコミュニケーションができるように教育する。成人のひとりひとりについて、その職能を調査し、適材適所の職場を斡旋する。地域に既存の学校に受け入れるか、特別の学校・学級を設置するかして未成年者の教育を保証する。難民のなかに紛れ込んでいる可能性が高いテロリスト予備軍を摘発する体制を整える。そして、以上すべての業務を遂行する国家・地方公務員からなる機関を設置する。

Think and Pray「考えよ、そして祈れ」などと乙に構えるのでなく、リアルな問題をリアルに考え、リアルな対策を政府に実施させるよう行動することが求められているのではないでしょうか」。

④二〇一六年四月一一日送信

「リメンバー・パールハーバー」

無職　加藤晴久（東京都　80）

「核兵器保有国を含む主要七カ国の外相が「唯一の被爆国日本」の広島でのサミット終了後、原爆記念碑に献花する（＝犠牲者を追悼する）。

五月の伊勢志摩サミットの際には、オバマ大統領も広島を訪問して欲しい（＝すべきだ）、そして犠牲者を追悼して欲しい（＝原爆投下を謝罪すべきだ）。

以上のような、最近の新聞とテレビの論調に疑問を禁じえません。

どうして原爆が投下されるような事態になったのか。なぜ、この問題を問わないのでしょうか。読者・視聴者に問いかけないのでしょうか。

一九四五年二月一四日、近衛文麿は敗戦の必至を上奏しています。この時点で戦争をやめていれば、広島・長崎はもちろん、東京・名古屋・大阪・神戸の空襲も、沖縄戦もなかったのです。この責任の問題をメディアはなぜ提起しないのでしょうか。

他方、ハワイのパールハーバー。日本軍によって撃沈された軍艦アリゾナ号には一〇〇〇人以上の兵士の遺体がそのまま残置されています。海底からはいまだに石油がプクリプクリと水面に漏れ出しています。記念館を訪れるアメリカ人たちは、みな、「リメンバー・パールハーバー」を誓っています。

日本の歴代首相のだれがこの地を訪れて、犠牲者たちの霊を慰めたでしょうか」。

関連年表（2001–2016）

西暦	月	世界と日本のできごと
二〇〇一	1	17 ジョージ・W・ブッシュ、第四三代アメリカ大統領に就任。ブッシュ政権、タリバンとの接触を積極的に再開。
	4	26 第一次小泉純一郎内閣発足。
	9	11 米国同時多発テロ事件。
二〇〇二	5	6 オランダの極右政党党首ピム・フォルタイン、射殺される。
	10	12 バリ島南部の繁華街で、路上に止めてあった自動車爆弾が爆発、向かいのディスコなど多くの建物が吹き飛んで炎上したテロ事件。
	11	15 中国共産党第一六回中央委員会第一回全体会議（一中全会）を開催。胡錦濤が党総書記に選出。
二〇〇三	1	23 スイス・ダボスで第三三回世界経済フォーラム開催。ブラジル、ポルト・アレグレで世界社会フォーラム開催。
	2	26 スーダン南部でダルフール紛争おこる（—現在）。
	3	19 米英軍による空襲「イラクの自由作戦」。イラク戦争始まる（—二〇一一、撤退完了）。
	9	29 第三回アフリカ開発会議（TICAD III）開催（—一〇・一）。
	11	19 第二次小泉内閣発足。
	12	27 ジャック・シラク大統領、学校内で「宗教的帰属を誇示するシンボル」を禁止する法律を制定（〇四年九月新学年から施行）。

西暦	月	世界と日本のできごと
二〇〇四	1	イラク人捕虜に対するアブグレイブ刑務所での大規模な虐待事件が内部告発により発覚。
	4	**7** 福岡地方裁判所が小泉純一郎首相の靖国神社参拝（二〇〇一年八月一三日）で被告側勝訴判決。亀川清長裁判長が傍論で違憲言及。
		7 イラクで日本人三名（ボランティア、フリーカメラマンの男性、ジャーナリスト志望の未成年の少年）が武装勢力によって誘拐される。
		17 ホセ・マリーア・アスナール・ロペス、スペイン首相を退任。ホセ・ルイス・ロドリゲス・サパテロ、首相就任。
	11	**2** オランダの映画監督テオ・ファン＝ゴッホ、殺害される。
		2 米大統領選で現職の共和党ジョージ・W・ブッシュが民主党ジョン・ケリーを激戦の末に下し再選。
二〇〇五	2	トルコ作家オルハン・パムク、スイス紙へのインタビューで、政府は一〇〇万人のアルメニア人と三万人のクルド人を虐殺した事実を認めるべきだと発言したとして国家侮辱罪に問われる（二〇〇六年一月に不起訴）。
	3	**25** 愛・地球博開催。
	7	**24** WTOドーハ・ラウンド、交渉凍結。
	8	**30** ハリケーン・カトリーナがアメリカミシシッピ州の東部を通過。ニューオーリンズの八割が水没したとの報道。
	9	**21** 第三次小泉内閣発足。
		30 デンマークで最多の発行部数を誇る高級紙ユランズ・ポステンが、ムハンマドの風刺漫画を掲載。イスラム諸国の政府および国民の間で非難の声が上がった。

	10	20	ユネスコ総会において「文化多様性条約」が賛成一四八カ国、反対二カ国（米国とイスラエル）、棄権四カ国という投票結果により国際的な規範として採択。
		27	フランス・パリ郊外で北アフリカ出身の三人の若者が警察に追われ逃げ込んだ変電所で感電し、死傷したことをきっかけにフランスの若者たちが暴動。フランス全土の都市郊外へ拡大。
	11	22	アンゲラ・メルケル、ドイツ連邦首相に就任。
二〇〇六	3	9	仏ド・ヴィルパン首相、若年者の雇用促進のための柔軟な雇用契約政策（CPE）導入へ向けての関連法案が強行採決で可決。全国規模での抗議運動と混乱が拡大。
		11	ミシェル・バチェレ、チリ大統領に就任。
	4	10	シラク大統領がCPE撤回発表。同日午後、与党・国民運動連合（UMP）がCPEに替わる若年者雇用対策を盛り込んだ法案を国会に提出。スピード審議の後、可決。
	6	25	イスラエル国防軍がパレスチナ自治区ガザへ侵攻。
	9	26	第一次安倍晋三内閣発足。
二〇〇七	1	1	潘基文、第八代国際連合事務総長に就任。
		7	ワルシャワ大司教S・ウィエルグス、共産党独裁時代政治警察の協力者であった過去が暴露され一カ月で辞任。
	5	16	ニコラ・サルコジ、仏大統領に就任。
	6	27	ゴードン・ブラウン、英首相に就任。
	7	21	『ハリー・ポッター』最終編（第七巻）発売。
	8	10	フランスで「大学の自由と責任に関する法律（LRU）」採択。
	9	26	福田康夫内閣発足。

西暦	月	世界と日本のできごと
二〇〇七	10	30 イタリア・ローマ北郊の町でルーマニア出身のロマ青年が若いイタリア人女性を殺害。
	11	2 イタリア・プロディ政権が外国人国外退去を簡略化する政令を制定。
	12	サブプライムローンに端を発した経済危機が顕在化。
二〇〇八	4	12 日中合作映画『靖国　YASUKUNI』東京・大阪の五館で上映中止。
	5	7 ドミートリー・メドヴェージェフ、ロシア連邦大統領に就任。
		8 プーチン、ロシア連邦首相に就任。
		20 馬英九、中華民国（台湾）総統に就任。
	7	2 コロンビア革命軍（ＦＡＲＣ）に拉致されていたイングリッド・ベタンクール夫人をコロンビア軍が六年四カ月ぶりに救出。
	8	18 アフガニスタン東部の米軍基地をタリバンが攻撃。首都カブールの東でフランス軍がタリバンの待ち伏せ攻撃に遭う。
		26 アフガニスタン東部で人道支援活動をしていた日本のＮＧＯスタッフがタリバンに拉致され、その後殺害。
	9	15 アメリカの投資銀行リーマン・ブラザーズが破綻（リーマン・ショック）。
		24 麻生太郎内閣発足。
	11	26 インド・ムンバイで外国人向けのホテルや鉄道駅などが、イスラーム過激派と見られる勢力に銃撃、爆破されるテロ事件。
	12	27 イスラエル空軍がガザ地区全土に大規模な空爆を開始。二〇〇九年一月三日の地上侵攻までの死者は四三〇人。

二〇〇九	1	3 イスラエル軍のガザ地区への大規模な砲撃の後、歩兵、戦車、砲撃隊などが侵攻を開始。
		6 イスラエル軍が国際連合パレスチナ難民救済事業機関（UNRWA）の運営する避難所となっている学校を砲撃、少なくとも四〇人が死亡。
		17 イスラエルが一方的な「停戦宣言」を出し部隊の引き上げを始める。
		20 バラク・オバマ、第四四代アメリカ大統領に就任。
	4	スリランカ政府軍がタミル武装勢力（LTTE）への攻勢を強める。LTTEは防御陣地構築と、二〇万人ものタミル人避難民を人間の盾とし抗戦。政府軍は四月二〇日より大規模な避難民救出作戦を敢行、一五万人あまりが同地から脱出。
	5	19 スリランカのラージャパクサ大統領、二六年に亘った内戦の終結を宣言。
	7	8 イスラエル軍が本格的なガザ攻撃を開始。八月二六日の無期限停戦で終息。
	9	16 鳩山由紀夫内閣発足。
		22 鳩山首相、地球温暖化への対策に必要な二酸化炭素の排出削減のため、「鳩山イニシアチブ」を発表。
	11	29 スイスでミナレットの建設を禁止する提案が国民投票で可決。
	12	7 気候変動枠組条約第一五回締約国会議（コペンハーゲン、―一五）。
二〇一〇	3	13 ワシントン条約第一五回締約国会議（―二五）。
	5	11 イギリスで保守党のデーヴィッド・キャメロン、英首相に。自由民主党のクレッグ氏を副首相とする連立内閣。
	6	8 菅直人内閣発足。
	11	28 ウィキリークスでアメリカ合衆国の機密文書の公開開始。二五一、二八七件の文書の内、二一九件が『エル・パイス』（スペイン）、『ル・モンド』（フランス）、『デア・シュピーゲル』（ドイツ）、『ガーディアン』（イギリス）、『ニューヨーク・タイムズ』（アメリカ）によって同時公開された。

西暦	月	世界と日本のできごと
二〇一一	1	14 チュニジアで警察の暴力に抗議して一青年が焼身自殺した事件をきっかけに人民が蜂起、二三年間のベン=アリ独裁政権を倒す（チュニジア革命）。
	2	11 エジプトでムバラク大統領が辞任。三〇年間の独裁政治に終止符。
		15 リビアで人権活動家の弁護士の釈放を要求するデモが発生し、警官隊や政府支持勢力と衝突。この騒乱によりカダフィ大佐に対する退陣要求が高まる。
	3	11 東日本大震災発生。
		19 リビアで米英仏を中心とした多国籍軍がカダフィ政府軍への空爆を開始。
	4	19 キューバのフィデル・カストロ、党第一書記を正式に辞任。後任には二〇〇六年より代行を務めていたラウルが選出。
	5	2 オサマ・ビン・ラディン、米国の特殊部隊によってパキスタンで殺害。
	8	23 リビアでフランス・イギリス・アメリカの直接的軍事介入によってカダフィ独裁政権が崩壊。四一年間の長期独裁に終止符。
	9	2 野田佳彦内閣発足。
二〇一二	3	11 南仏のモントーバンとトゥルーズで二十三歳のアルジェリア移民二世でイスラム原理主義者が兵士三人、社会人一人、ユダヤ人の子ども三人を射殺（—二二）。
	5	7 プーチン、ロシア連邦大統領に就任。
		8 メドヴェージェフ、ロシア首相に就任。
		15 フランソワ・オランド、仏大統領に就任。
	9	11 尖閣諸島の三島（魚釣島、北小島、南小島）が、日本政府に二〇億五〇〇〇万円で購入され国有化。

	11	6	米大統領選で、共和党のミット・ロムニーを破り民主党のオバマが再選。
	12	15	アフガニスタンに駐留するフランス軍部隊が完全撤退。
		26	第二次安倍内閣発足。
二〇一三	1		ボーイング七八七型機の不具合相次ぐ。
	3	13	フランシスコ、第二六六代ローマ教皇に就任。
	4	30	オランダでウィレム・アレキサンダー国王即位。一二三年ぶりの男性の国王。
	5	20	エドワード・スノーデン、『ガーディアン』紙のインタビューでアメリカ合衆国や全世界に対するNSAの盗聴の実態と手口を内部告発。
	9	8	二〇二〇年夏季五輪が東京に決定。
	12	13	日本で特定秘密保護法公布。
二〇一四	1	26	シリアで政府に対する抗議。この後反政府運動及びシリア政府軍と反体制派による武力衝突が続く。
	4	17	コロンビアの作家、ガブリエル・ガルシア゠マルケス死去。
二〇一五	1	7	フランスで風刺週刊紙『シャルリー・エブド』襲撃事件。主要スタッフがイスラム過激派に銃殺される。
	2	10	世界最大規模の金融グループHSBCホールディングスによる富裕層顧客の巨額脱税幇助が発覚。
	5	22	アイルランドの国民投票で同性婚に過半数が賛成、憲法が改正。
	7	16	日本で安保法制が衆議院で可決。
	9	22	フォルクスワーゲン（VW）が、排ガス規制を逃れるため、ディーゼル車に不正なソフトウエアを搭載し、最大で基準の四〇倍にも上る窒素酸化物を排出していた問題が発覚。

西暦	月	世界と日本のできごと
二〇一五	10	31 シャルム・エル・シェイク国際空港（エジプト）を離陸してプルコヴォ空港（ロシア・サンクトペテルブルク）に向かっていたコガリムアビア九二六八便がシナイ半島北部に墜落。
	11	13 フランスのパリでコンサートホールや北部のサッカー場などを標的としたＩＳによる同時多発テロ事件。
	12	2 米カリフォルニア州のサンバーナディーノの障害者支援の福祉施設で銃乱射事件。
二〇一六	5	20 蔡英文、中華民国（台湾）総統に就任。
	6	24 英国民投票でＥＵ離脱が決定。
		28 トルコ・イスタンブルのアタテュルク国際空港でテロ攻撃。
	7	1 バングラデシュ・ダッカでレストラン襲撃人質テロ事件。
		14 フランスのニースで革命記念日のイベントの見物客にトラックが突っ込むテロ事件。
		22 ドイツ・ミュンヘンの巨大ショッピングセンターで銃乱射事件。
		26 フランス北西部ノルマンディー地方のカトリック教会で、刃物を持って武装した二人組が神父を殺害。

（作成・編集部）

著者紹介

加藤晴久（かとう・はるひさ）

1935年生まれ。1958年東大仏文科卒。1960年同大学院修士課程修了。1961 － 1964年、フランス国立高等師範学校に留学。明治学院大学講師を経て、1969年東大教養学部助教授（フランス語）。1990年教授。1996年定年退官し恵泉女学園大学教授。2004年に退職。日本フランス語教育学会会長（1991-1997）。国際フランス語教員連合副会長（1992-1996）。東京大学、恵泉女学園大学名誉教授。

訳書に、ファノン『黒い皮膚・白い仮面』（共訳、みすず書房）、ブルデュー『市場独裁主義批判』『パスカル的省察』『科学の科学』（藤原書店）ほか多数。著書に『憂い顔の『星の王子さま』』（書肆心水）、『ブルデュー 闘う知識人』（講談社選書メチエ）。

フランス共和国芸術文芸勲章 Arts et lettres（シュバリエ）、研究教育功労勲章 Palmes académiques（オフィシエ）受章。


『ル・モンド』から世界《せかい》を読《よ》む　2001–2016

2016年9月10日　初版第1刷発行©

著　者　加　藤　晴　久

発行者　藤　原　良　雄

発行所　株式会社　藤　原　書　店

〒162-0041　東京都新宿区早稲田鶴巻町523
電　話　03（5272）0301
FAX　03（5272）0450
振　替　00160 - 4 - 17013
info@fujiwara-shoten.co.jp

印刷・製本　中央精版印刷

落丁本・乱丁本はお取替えいたします　Printed in Japan
定価はカバーに表示してあります　ISBN978-4-86578-085-7

政治の科学の根本条件

政治
〔政治学から「政治界」の科学へ〕

P・ブルデュー
藤本一勇・加藤晴久訳

代理表象のアポリアを見すえ、新自由主義の暴力に対抗するブルデューの公共性思想。『市場独裁主義批判』など、晩年のブルデューが展開した社会運動の理論的背景を示し、最重要概念「界（シャン）」の考え方を明快に説く。

四六上製　一九二頁　**二二〇〇円**
（二〇〇三年一二月刊）
◇978-4-89434-366-5

PROPOS SUR LE CHAMP POLITIQUE
Pierre BOURDIEU

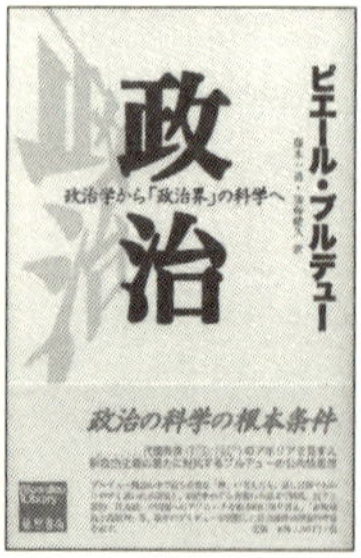

市場のルールを決めるのは誰か？

住宅市場の社会経済学

P・ブルデュー
山田鋭夫・渡辺純子訳

住宅市場の現場に分け入り、そこに働く重層的なメカニズム――経済政策、建築基準等の法規制、官僚・自治体・業界団体の介入、企業戦略と消費者の欲求――を徹底分析！　人間社会における経済行為の原理を解明した問題作。

A5上製　三三六頁　**三八〇〇円**
（二〇〇六年二月刊）
◇978-4-89434-503-4

LES STRUCTURES SOCIALES DE L'ÉCONOMIE
Pierre BOURDIEU

リフレクシヴィティーとは何か？

リフレクシヴ・ソシオロジーへの招待
〔ブルデュー、社会学を語る〕

P・ブルデュー＆L・ヴァカン
水島和則訳

俊英ヴァカンによる、現代社会理論の核心をめぐる質問にブルデュー自身が応答。「反省性」概念を軸に、その社会学の成り立ちと使命を余すところなく語る。

A5上製　四二四頁　**四六〇〇円**
（二〇〇七年一月刊）
◇978-4-89434-557-7

RÉPONSES
Pierre BOURDIEU & Loïc WACQUANT

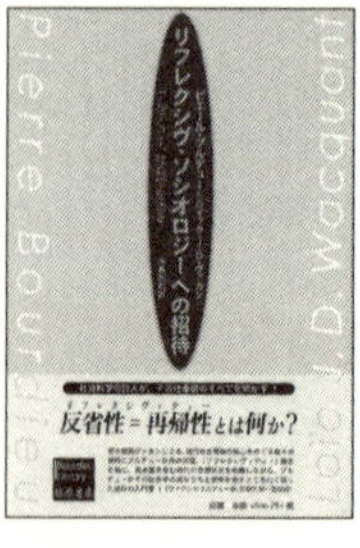

人はなぜ、規則に従うのか？

実践理性
〔行動の理論について〕

P・ブルデュー
加藤晴久・石井洋二郎・三浦信孝・安田尚訳

贈与交換、利害と無私、国家と資本などのキー概念から、人々の日常行動を決定づける政治・経済・文化界のメカニズム（「常識」の根拠）を徹底解明する、現代のブルデュー版「実践理性批判」。

四六上製　三二〇頁　**三二〇〇円**
（二〇〇七年一〇月刊）
◇978-4-89434-595-9

RAISONS PRATIQUES
Pierre BOURDIEU

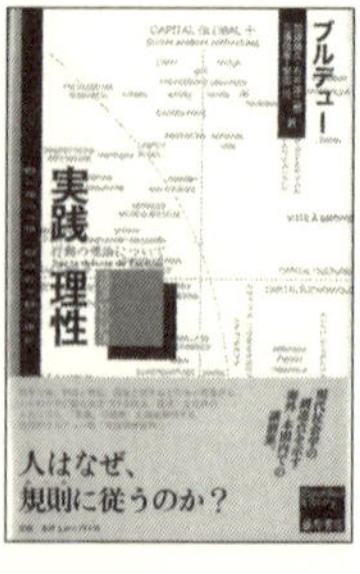

農村の男たちは、なぜ結婚できないのか？

結婚戦略

（家族と階級の再生産）

P・ブルデュー

丸山茂・小島宏・須田文明訳

村のダンスパーティーで踊る相手がいない、年輩の男たち。独身者数の増大に悩む生まれ故郷ベアルンでの、結婚市場をめぐる調査からブルデュー社会学は誕生する。思想家自身の大きな転機を跡づける、ひとつの知的形成物語（ビルドゥングスロマーン）。

四六上製　三二〇頁　三六〇〇円
（二〇〇七年一二月刊）
◇978-4-89434-605-5

LE BAL DES CÉLIBATAIRES
Pierre BOURDIEU

ブルデューの国家論

国家の神秘

（ブルデューと民主主義の政治）

P・ブルデュー、L・ヴァカンほか

L・ヴァカン編　水島和則訳

民主主義の構成要素として自明視される「国家」「政党」「イデオロギー対立」「選挙」「世論調査」「メディア」「学校教育」の概念そのものを問い直し、冷戦後、ネオリベラリズム台頭後の、今日の政治的閉塞を解明し、これを打破するための〝最強の武器〟。

四六上製　三四四頁　三八〇〇円
（二〇〇九年一一月刊）
◇978-4-89434-662-8

PIERRE BOURDIEU AND DEMOCRATIC POLITICS
Pierre BOURDIEU & Loïc WACQUANT et al.

一人称で語る初の〝理論体系〟の書

パスカル的省察

P・ブルデュー

加藤晴久訳

ブルデュー自身が「最も優れた社会学者」とみたパスカルの加護の下、「知」の可能性を真に擁護するために、哲学的伝統が再生産する「知」の自己欺瞞（スコラ的幻想）を容赦なく打ち砕く！　パスカル主義者、ブルデューが一人称で語る。

四六上製　四四〇頁　四六〇〇円
（二〇〇九年九月刊）
◇978-4-89434-701-4

MÉDITATIONS PASCALIENNES
Pierre BOURDIEU

危機に瀕する「科学」と「真理」

科学の科学

（コレージュ・ド・フランス最終講義）

P・ブルデュー

加藤晴久訳

トーマス・クーンの『科学革命の構造』以降、その相対性、複数性が強調され、人文科学、社会科学、自然科学を問わず、軽視され、否定されてきた「真理」の唯一性。今日の学問的潮流に抗して、「科学」と「真理」を真正面から論じる渾身の講義！

四六上製　二九六頁　三六〇〇円
（二〇一〇年一〇月刊）
◇978-4-89434-762-5

SCIENCE DE LA SCIENCE ET RÉFLEXIVITÉ
Pierre BOURDIEU

「これは自伝ではない」

自己分析

P・ブルデュー
加藤晴久訳

父母や故郷など自らの出自から、一九五〇年代のフランスの知的状況、学問遍歴、アルジェリア経験、そして「取り返しのつかない不幸」まで。危険を省みず、自己自身を容赦なく科学の対象としたブルデューの絶筆。『パスカル的省察』『科学の科学』に続く晩年三部作、ついに完結！

四六上製　二〇〇頁　**二八〇〇円**
（二〇一一年一月刊）
◇978-4-89434-781-6

ESQUISSE POUR UNE AUTO-ANALYSE　Pierre BOURDIEU

ブルデューの〝資本論〟

国家貴族 Ⅰ・Ⅱ

（エリート教育と支配階級の再生産）

P・ブルデュー
立花英裕訳＝解説

膨大な文献資料・統計データを渉猟し、一九六〇―八〇年代フランスにおける支配階級再生産の社会的基盤を分析、「権力維持に文化・教育が果たす役割」についての一般理論を展開。

A5上製　Ⅰ四八〇頁　Ⅱ三五二頁　**各五五〇〇円**
（Ⅰ二〇一二年二月刊　Ⅱ二〇一二年三月刊）
Ⅰ◇978-4-89434-841-7
Ⅱ◇978-4-89434-842-4

LA NOBLESSE D'ÉTAT　Pierre BOURDIEU

行動する知識人、ブルデュー！

〈ビデオCD-ROMブック〉

ピエール・ブルデュー来日記念講演2000

（新しい社会運動――ネオ・リベラリズムと新しい支配形態）

加藤晴久　編集・構成／対訳・解説

あのP・ブルデュー日本講演がCD-ROMで甦る！　語学用テキストにも最適。

発行　恵泉女学園大学
発売　藤原書店

A5変上製　一一〇頁　**三〇〇〇円**
（二〇〇一年九月刊）
◇978-4-89434-238-5

偉大な知識人の生と仕事を俯瞰

ピエール・ブルデュー（1930–2002）

加藤晴久編

ブルデューが自身の人生、同時代の思想家との関係を赤裸々に語る日本語版オリジナルのロングインタビュー二本と、最近の重要論文、世界の知識人によるブルデュー論、年譜、著作解題、デリダ、サイードらの弔辞などで構成。

A5並製　三一二頁　**三二〇〇円**
（一九九六年九月／二〇〇二年六月刊）
◇978-4-89434-282-8